我々は何ものか

山口武彦
YAMAGUCHI Takehiko

文芸社

我々は宇宙にあって、物質やエネルギーの物理・化学反応によりなったものである。
我々は宇宙にある脳から、宇宙の外に心と世界を吹きだすものである。
我々は宇宙に向かって、その世界を実践し、世界の実現を図るものである。

（注）「宇宙の外」「心」「世界」とはなにか、「吹きだす」とはどういうことかについては後述する。

まえがき

本書は、「第一部　哲学編」および「第二部　随想集」の2篇からなる。

「第一部」では、「我々は何ものか」について、哲学的考察を試みる。ヒトは、宇宙と世界にどのように関わっているのか。本書はこの問題に、根源から迫っていく。結論は、表紙の見開き三行にまとめた。「第一部」は、その詳細を説明する。ぜひご理解いただきたい。

本書執筆のなかで、筆者は近代哲学の欠陥をいくつか見出した。それぞれの問題の解決は、本書の該当箇所で試みた。しかしそれらを糾合して、新しい哲学を創り上げるまでには、至れなかった。どなたか、脱近代の哲学を打ち立てていただけると嬉しい。ヒントは本書の中に分散されてある。

脱近代哲学は、心身問題、他我問題、独我論、不可知論、外界の存在証明、などを一挙に解決し解消して、旧来の「思弁哲学」「理論哲学」中心の哲学を、「実践哲学」中心に移行させていく。我々は、新しい哲学のもとで、脱近代に向かって、歩みを進めていくのだ。

「第二部」は、人間集団が、言葉を操りながら、言葉に縛られて生きる様を、随想風に物語る。本書の主眼は当然「第一部」にある。だが読者によっては、「第二部」を先に読んでから「第一部」の哲学編に入ったほうが、わかりがはやいかもしれない。読みの順序は、読者におまかせする。

筆者のお勧めを記す。政治家や政治改革や日本国憲法の改正に関心がある方は、日本の政治改革を論じた「第二部」最終の四、五を、なかでも特にお忙しい方は、五、「檄!!」(全5ページ)を読んでいただきたい。学としての政治や法や社会に関心が深い方は、「第二部」を通して読了をお願いしたい。哲学に興味のある方は、「第一部」をお読みいただいたうえで、筆者の哲学についてご批判いただけるとありがたい。

これから日本では、必ずや憲法改正がホットイシューとなる。そうした状況に鑑み、全文をお読みいただける方も、まず「第二部」を、五、四、と逆から読み、それから「第二部」の頭にもどり、さらに「第一部」の「哲学編」を読破いただくという読み方があろう。歓迎したい。

ではさっそく本論に入る。

目次

第一部　哲学編：我々は何ものか

「第一部　哲学編」は、「我々は何ものか」を明らかにする。ヒトの生命活動を究極までつきつめると、我々は４つの生命活動の組み合わせのもとに生きていることがわかる。

第一章では、その４活動を図化して概説する。第二章以降で、それぞれにつき章を分けて省察し、読者に理解を願う。

第一章　ヒトの「生」の四活動

一、我々は宇宙内で、【代謝と自己複製】を為して、生物を生きる。
二、我々は宇宙外に、【感じた世界】を吹きだして、動物を生きる。
三、我々は宇宙外に、【記号の世界】を吹きだして、人間を生きる。
四、我々は宇宙に向けて、【世界の実践】を行って、人間を生きる。
（注）「宇宙外」【感じた世界】【記号の世界】とはなにか、「吹きだす」とはどういうことかについては後述する。

まず右記各項を、簡単に説明する。

一、生物を生きる活動

ヒトは、原子や分子や細胞によって成る生物、すなわち「物」である。すべての物は、物理作用・化学反応（以下物化反応と略す）を為して、宇宙空間を転変する。ヒトも「物」として、物化反応を為して、宇宙空間に「命」を生きる。

ヒトを含めた生物は、「命」を生きるために【代謝と自己複製】なる特別な物化反応を為す。宇宙空間において、この特別な物化反応を為す「物」が、「生物」なのである。

二、**動物を生きる活動**

ヒトが見たり、聞いたり、嗅いだり、味わったり、触ったりして〈カンジ（感じ）〉たことや、空腹や胃の痛み、愛の喜びや悲しみや気分の快や苦などの〈カンジ〉たことを、本書は【感じた世界】とする。我々動物は、この【感じた世界】を、〈ココロ〉にあらわにし、〈ココロ〉とともに宇宙の外に吹きだして、動物としての「命」を生きるのだ。

第三章で詳しく説明するが、〈カンジ〉には物性がないから、〈カンジ〉は宇宙空間に存在しない。宇宙から吹きだして、宇宙の外に存在するのだ。徐々に説明していく。

三、**人間を生きる活動**（一）

ヒトは、宇宙の外に、【感じた世界】だけでなく、【記号の世界】を吹きだす。【記号の世界】とは、言葉や数字や式や図や音を操作して、それによってヒトに〈イミ・カチ〉をあらわにする世界である。ヒトはこの【記号の世界】のもとに、他の動物にはない複雑な「生」を生きる。

【記号の世界】の典型は言葉である。言葉は語形音の〈シルシ〉（徴）が、語義すなわち〈イミ〉（義）をあらわす記号論の徴義態である。ヒトの場合は、個体としての採餌や生殖行動、集団としての連帯や闘争、その他ほとんどすべての人間活動が、この言葉をはじめとする【記号の世界】のもとで実践されるのだ。いっぽうヒト以外の動物は言葉を上手に操れない。ヒトと動物の違いはここにある。

【記号の世界】も宇宙には実在せず、〈ココロ〉とともに宇宙から吹きだして、宇宙の外に存在する。ヒトの特技である【記号の世界】の制作とその交感については、第四章、第五章で詳しく説明する。

四、人間を生きる活動（二）

ヒトは前述した二、三、で宇宙の外に吹きだした、世界の〈カンジ〉や記号の〈シルシ〉と、それらの〈イミ・カチ〉のもとに、手や足や口や道具を使って、宇宙空間に働きかけ、【世界の実践】（たとえば採餌や労働や遊戯）を為して、人間としての「生」を生きる。宇宙に向けた【世界の実践】については、第五章で詳しく説明する。

図は、前述四活動を、図化したものである。本書は最後まで、何度もこの図を利用する。まずは簡単に説明するので、図を見ながらお読みいただきたい。

図のタイトルは、「宇宙空間とそこから吹きだしたヒトやムシの〈ココロ〉にあらわれた世界の図」である。

図では宇宙空間が、平面として描かれている。宇宙空間に地球がある。そのなかに「ボク」「キミ」「タニン」「ムシ」の体が、黒丸で描かれている。いずれも地球上にある。

黒丸上に白抜きの部分がある。それらは「ボク」や「キミ」や「タニン」や「ムシ」の脳や神経系統の器官をあらわしている。「キ（木）」植物には、脳や神経系統の器官はない。したがって白抜きの部分はない。「ホン（本）」は死物（生命以外の物）の代表として書き入れた。「ホン」にも当然白抜きの部分はない。

「目」等として、体から突起が出ている。それは「目」をはじめとした「耳」や「鼻」、「舌」等の、宇宙から信号を受け取る感覚器官をあらわしている。

宇宙は「モノ」と「エネルギー」だけから成る。「モノ」や「エネルギー」を物性態《ぶっせいたい》と呼ぶこととする。ヒトも宇宙においては、物性態つまり「モノ」や「エネルギー」としての「命」

宇宙空間とそこから吹きだしたヒトやムシの〈ココロ〉にあらわれた世界の図

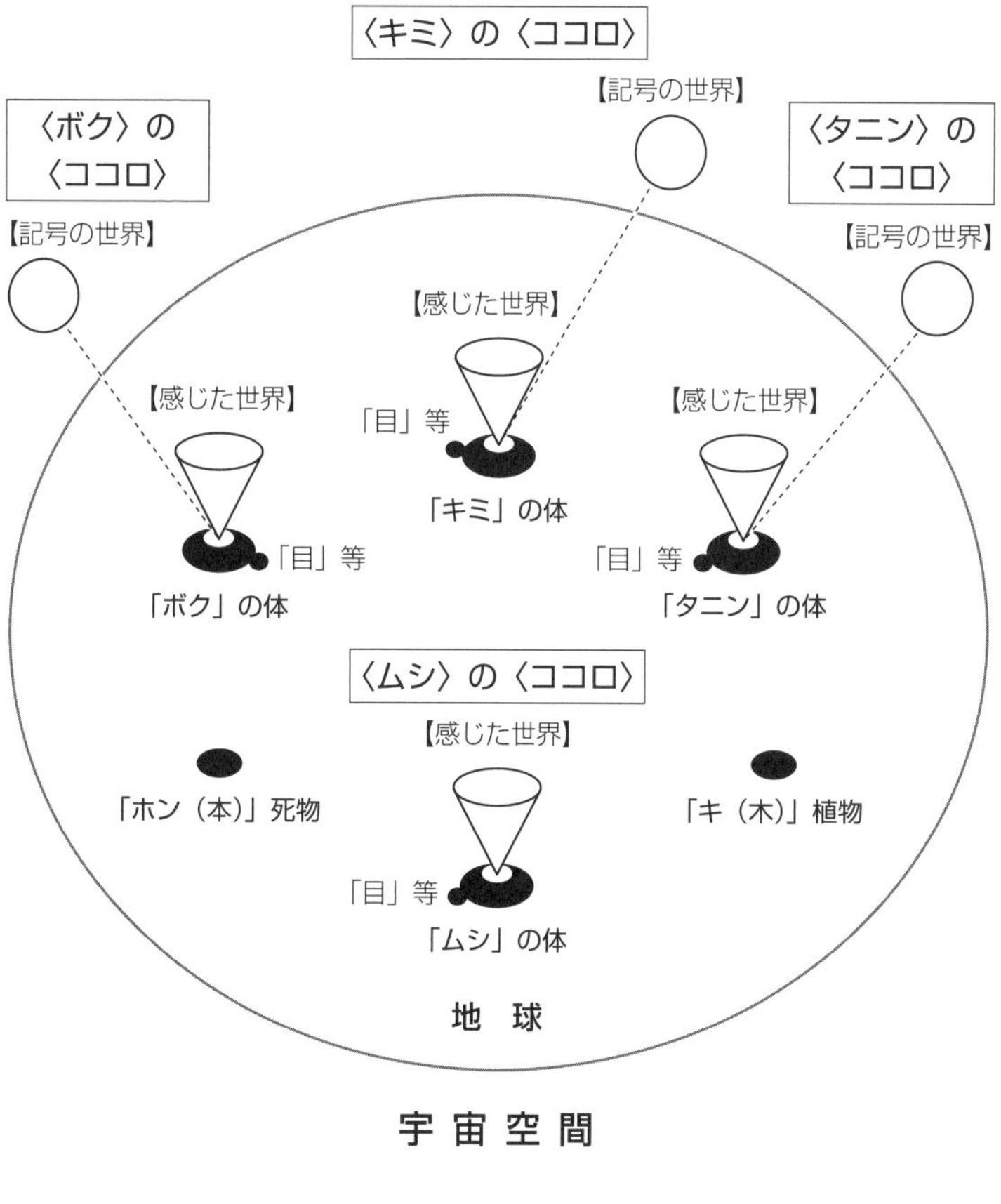

を生きる。本書は、生物が宇宙に物性態として生きる生命活動を、【代謝と自己複製】活動と名づけた。生物の定義はいろいろある中で、本書は生物とは、「宇宙空間において代謝と自己複製を為して生きる物性態である」と定義したのである。これははじめに述べた、ヒトの「生」の四活動のなかの、一、に該当する活動である。第二章で説明する。

図によれば、白抜き部分の脳から宇宙の外に、〈ボク〉の〈ココロ〉、〈キミ〉の〈ココロ〉、〈タニン〉の〈ココロ〉、〈ムシ〉の〈ココロ〉が跳びだしている。〈ココロ〉は物性態でないから、宇宙空間にはない。ヒトやムシは、その跳びだした〈ココロ〉に、図のように、【感じた世界】と【記号の世界】を吹きだすのである。ただ、右端の「キ（木）」からは何も吹きだしていない。脳神経器官のない植物には、〈ココロ〉がないから、世界はないのだ。ヒトや動物には世界があり、それは〈ココロ〉にあらわれる。物である「体」には世界はあらわれない。したがって世界は宇宙にはないのだ。

図を見ると、ヒトには【感じた世界】と【記号の世界】の2つの世界があるが、ムシの世界には【感じた世界】しかない。本書は、たとえヒト以外の動物に【記号の世界】があらわれたとしても、その世界はヒトと比べてきわめて単純なので、ムシやその他の動物への【記号の世界】のあらわれは、ないものとして、説明の簡単化をはかった。【感じた世界】と【記号の世界】については、第三章と第四章で語る。

図によれば、【感じた世界】は、宇宙空間の「ボク」「キミ」「タニン」「ムシ」の脳から吹きだして、宇宙の外に逆円錐状にあらわれている。宇宙内の目や耳、鼻、舌、皮膚などの感官が、宇宙空間からもたらされた電波や音波や匂いの分子などの信号（物性態）を感知すると、脳を経由して〈イロ〉や〈オト〉や〈ニオイ〉などの〈カンジ〉が、【感じた世界】となって脳から宇宙の外に吹きだすのだ。つまり【感じた世界】とは、〈ミエ〉〈キコエ〉〈アジワウ〉〈カンジ〉や〈イタミ〉や〈カナシミ〉の〈カンジ〉が〈イミ・カチ〉と一緒になって〈キミ〉や〈タニン〉や〈ムシ〉の〈ココロ〉にあらわれる世界を言うのだ。

「ボク」「キミ」「タニン」「ムシ」は、宇宙空間に吹きだした【感じた世界】をもとに、宇宙に向けて【世界の実践】を為す。それは交合関係の実践であったり、捕食者・被食者関係の実践であったりする。動物界のこの関係の総体は、地球上の生物の生態系を形づくるもととなる。他の天体に見られない複雑な生態系は、植物を含めたすべての生物による【代謝と自己複製】活動および動物によるこの【感じた世界】のあらわれに基づく宇宙に向けての【世界の実践】

の二つの活動によりできてきたのだ。

図によれば【記号の世界】が、各人の体から、宇宙外の円の中に吹きだしている。各人の脳神経のシナプスに把持《はじ》されている、物性態である記号や記憶が操作されて、それぞれの【記号の世界】が、文字などの〈シルシ〉と〈イミ・カチ〉として、宇宙外に吹きだすのである。

つまり【記号の世界】とは、言葉や図形や数式のような形式で、宇宙外に吹きだしてあらわれる世界を言う。宇宙空間に実在する記号や図や音波は、読む人や聞く人があらわれるまでは、宇宙内に実在するただの物性態にすぎず、そのままではだれにも世界として認識されないが、ヒトに記号の三項関係が成立すると、宇宙外に【記号の世界】が吹きだすのだ。後述する。

ヒトは、宇宙外に吹きだした【記号の世界】をもとに、宇宙に向けて【世界の実践】を為す。ヒトが【世界の実践】を為すと、宇宙を構成する物性態は、宇宙空間で物化反応を起こし、その物性態の物化反応の連鎖が宇宙空間に広がっていく。

核戦争や、気候変動、その他諸々の環境問題などは、ヒトが宇宙外に吹きだした世界をもとに、宇宙に向けて【世界の実践】活動を為すときに生じる災厄である。【記号の世界】の【世界の実践】については、第五章で語る。

逆円錐状に吹きだす【感じた世界】と、円の中に吹きだす【記号の世界】の、円錐や円の形状には特段の意味はない。吹きだした世界をただそのような境界線で囲んだというだけである。この境界の外側を外界とするのは誤りである。感じた世界、記号の世界の外側は無なのだ。各人の世界は、各人の脳から風船がふくらむように〈ココロ〉が吹きだしたもので、そのなかには〈イミ・カチ〉の世界が広がるが、外にはなにもないのである。

ここで、読者が感じるであろう本書の「世界」に対する違和感を多少なりとも緩和するために、本書の「世界」について簡単に記しておく。理解し難いようであれば、意味不明のままで、先に進んでもらって問題ない。第二章以下を読み進めるうちに理解いただけるからである。

〈キミ〉の世界は、「キミ」から吹きだした、〈キミ〉の逆円錐または円のなかにあらわれる世界がすべてである。図に見る通り、〈タニン〉の世界は、〈キミ〉の世界とはまったく別ものである。要するに世界は、動物やヒトそれぞれの逆円錐または円のなかに、異なった〈カンジ〉や〈シルシ〉と〈イミ・カチ〉をもってあらわれるのである。〈キミ〉にあらわれる世界は〈キミ〉から吹きだした【感じた世界】と【記号の世界】がすべてで他にはないのだ（独我論・他我問題）。

世界は、時々刻々あらわれては、すぐに消え去るうたかた世界である。「淀みに浮かぶうたかた」のように「かつ消えかつ結ぶ世界」であって、「うたかた世界」は「移ろう世界」でもある。宇宙時間の経過とともに、宇宙における「イマ」は移ろい「キミ」も移ろう。「キミ」や「イマ」の移ろいとともに、「体」も「記憶」も移ろうなかで、宇宙に実在する「キミ」からは、そのつど〈ココロ〉が跳び出して、その〈ココロ〉のなかに〈キミ〉の世界があらわれるのだ。「キミ」の生涯には、無数の世界があらわれるのである。

〈キミ〉に移ろってあらわれる「うたかた世界」と、〈キミ〉の世界観との関係を述べておく。〈キミ〉の世界観は、そのつどの世界のあらわれによって常時少しずつ変化していく。そしてその変化した世界観のもとに、〈キミ〉の世界が、逐次新しい世界としてあらわれるのだ。

物性態としての体「キミ」が、この世に生を授かるまでは、宇宙はあっても〈キミ〉の世界はなかった。そして「キミ」がこの世を去れば〈キミ〉はなくなり、もう〈キミ〉の世界はあらわれない。「キミ」の肉体が滅びると同時に、「キミ」にとっての宇宙時間の「イマ」や、

「キミ」が占める「ソコ」も当然なくなるのだ。しかし「キミ」以外の「モノ」や「エネルギー」は、宇宙に実在し続ける。「キミ」を構成していた分子や原子も、バラバラになって宇宙に散逸し、実在し続けるのである。これは当然「キミ」以外の「ボク」や「タニン」の場合であっても言えることである。

つまり宇宙内に実在し、物化反応によってさまざまに変化しながら、宇宙の消滅まで存続する「モノ」や「エネルギー」と、〈キミ〉に一瞬間あらわれる「うたかた」の【感じた世界】【記号の世界】とはまったく別物なのである。宇宙と世界は、相を異にする存在なのである。

次章以降で省察するが、ここで簡単に宇宙と世界の関係を語っておく。まずは、①認識主体・世界解釈態〈キミ〉が宇宙からの信号を受けて、〈ココロ〉は世界を認識する。次いで②その世界のもとに「キミ」の体は、宇宙に向けて実践活動をなす。この〈キミ〉と「キミ」によって為される2つの営為によって、宇宙と世界は、関係づけがなされるのである。詳しくは第二章以降で述べる。

断りなしにここまで記してきたが、本書は宇宙空間に実在する「体」や「キミ」や「モノ」や「エネルギー」などの物性態を「　」を付してあらわし、宇宙空間に実在しない〈ココロ〉

や〈カンジ〉や〈シルシ〉や〈イミ・カチ〉を〈　〉を付してあらわしてきた。そして【記号の世界】の円の中にあらわれる図や文や語りは、普通の言葉や記号によって制作される世界だから、そのまま書き下した。この記法はこれからも続けていく。

最後に、図には書き入れていないが、【感じた世界】と【記号の世界】それぞれの下部世界について、簡単に記しておく。これは第三章、第四章で省察するが、その前にもこの下部世界の名が出てくるので、あらかじめ承知しておいてほしいという意味である。

ヒトの【感じた世界】には、「体感世界」と「情感世界」と「五感世界」の3つの世界がある。体感世界とは、体が体感する〈イタミ〉や〈カユミ〉、〈クウフクカン〉や〈ニョウイ〉などの世界である。情感世界とは、心に〈カンジ〉る〈オドロキ〉、〈ヨロコビ〉や〈カナシミ〉、〈カイ〉や〈ク〉、〈スキ〉や〈キライ〉などの情感の世界である。五感世界は、〈ミル〉〈キク〉〈カグ〉〈アジアウ〉〈サワル〉の五感の世界である。

【記号の世界】には、「写生世界」と「創作世界」と「翻訳世界」の3つの世界がある。「写生世界」とは、〈キミ〉や〈ボク〉が【感じた世界】、たとえば〈イタミ〉や〈カナシミ〉や〈ミエ〉や〈キコエ〉を、言葉を操作して文章化した世界である。「創作世界」は単語や記号を操作して、〈キミ〉や〈ボク〉が考えたり、また会話や文章などを創作した世界である。「翻訳世界」とは、〈キミ〉が他人の【記号の世界】を聞いたり読んだりして、〈キミ〉自身の世界に翻訳した世界である。

いずれの世界も、宇宙外に吹きだした〈イミ・カチ〉であるから、「モノ」性や「エネルギー」性はない。

この章は、本書の全体像の理解を願うためにあり、したがって個別の内容には踏み込まなかった。そのため一部理解し難いところがあったかと思う。第二章以下を読めば理解できるので、そのまま先に読み進んでいただきたい。

第二章　【代謝と自己複製】

ヒトや高等動物の細胞には、神経細胞、生殖細胞、筋肉細胞などがある。ヒトの細胞の種類は約270種あるとされ、細胞の総数は、40兆個とも60兆個とも言われている。細胞が集まったものを組織と言い、普通は上皮組織、結合組織、筋肉組織、神経組織の4つに分けられる。

ある細胞の外部にある物性態や内部にある物性態が細胞に作用し、また物性態同士が、物化反応により他の物性態となって、それが細胞に影響をおよぼすとき、これを生化学反応とする。生化学反応は、物化反応のひとつなのだ。第三章以下で述べる、信号の体内伝播も生化学反応のひとつである。

生化学反応のなかに、代謝反応がある。代謝反応とは、数百もの化学反応が、一つひとつの細胞の中で、別の酵素に触媒されて変化する複雑な化学反応を言う。代謝反応の連鎖を代謝活動とする。生命体は、代謝活動によって、生命の維持ならびに自己複製を為すのだ。

生命体の代謝反応および自己保存、種の保存の連鎖を、本書は生命体の【代謝と自己複製】活動とした。生物の定義がいろいろあるなかで、本書は、生物とは「【代謝と自己複製】活動を為して、地球上に命を生きる物性態」と定義したのである。「地球上に命を生きる」としたのは、いまはまだ地球外生命が発見されていないからである。

地球に生きるすべての生物は、生体膜に包まれた、ひとつ、または複数の細胞によってなる。生物は外界から物質とエネルギーを取り込み、生命体に必要な物質を合成し、生命活動のエネルギーを得るための物質や不要になった物質を分解して、常に身体の中身を入れ替えて生きていく。このような活動が代謝活動である。生体内での物質の合成反応を同化と言い、分解反応を異化と言うが、その同化と異化を合わせたものを代謝活動とするのである。

同化も異化も生命体内における物化反応であるから、すべては宇宙空間のなかで完結する。代謝活動だけしかしない生命体（動物以外のほとんどの生命体）は、宇宙の外に世界を吹きださない。ヒトも代謝活動では、宇宙外に世界を吹きださないから、〈ココロ〉とも〈イミ・カチ〉とも無縁である。第一章の図（17ページ）で見ても、「キ（木）」に代表される植物は、宇宙外に世界を吹きだしていない。

仮に「キミ」がいま病院で、全身麻酔の状態でベッドに横たわっている姿を想像してみよう。

「キミ」はただ昏々と眠っており、何も〈ミエ〉ず、何も〈キコエ〉ず、〈イタミ〉は〈カンジ〉ず、思考もできる状態にはない。これは「キミ」が植物人間状態に置かれ、ただ点滴などによって「命」を生かされている状態である。この植物のような「生」は、受動的、消極的な「生」であり、第三章以下で述べる能動的、積極的な「生」とは異なる。しかしそうであっても、「キ（木）」が、そして全身麻酔の「キミ」が、生物として「命」を生きていることに異論はないはずである。

生物のいま一つの特徴は、代謝を繰り返しながら、細胞や種の複製を行ない、ダーウィン的な進化をしていくことである。ダーウィン的進化とは、NASAによる定義であり、めったにないDNA複製の変異が、種の偶然の進化を招くことを言う。我々は細胞の自己複製によって自己を生き、生殖による複製によって、ホモ属サピエンス種を生きるのだ。

我々が「命」を生きるための生物としての活動、すなわち【代謝と自己複製】活動については、生物学、生理学、医学、生物化学、分子生物学、遺伝学などの生命系統の学問だけでなく、化学や物理学や地学も含めたすべての自然科学の総力をあげて、専門的な研究がなされている。

古代から近代初頭までは、哲学はこの分野を、自然科学と共有してきた。しかし【代謝と自己複製】活動に関しては、いまや哲学の出番はないのである。

したがって本書は、宇宙内の物化反応によって語られるすべての【代謝と自己複製】活動については、自然科学に任せる。そして哲学的考察は、宇宙から跳びだした〈ココロ〉のなかに〈セカイ〉が吹きだしてあらわれるという、信号・記号の三項関係に的を絞ることとした。そのような次第で、第二章の【代謝と自己複製】については、簡単だがこれで終わることとする。

第三章　【感じた世界】

第一節　【感じた世界】とはどのような世界か

【感じた世界】は、ヒトだけでなく多くの動物にあらわれる。ここではまず【感じた世界】を具体的にイメージするために、モンシロチョウとダニの【感じた世界】について述べる。

モンシロチョウは眼を有する。ということはモンシロチョウには何らかの景色があらわれているはずである。実験によると、モンシロチョウのオスの翅《はね》は、紫外線をほとんど反射しないのに、メスはかなりの紫外線を反射する。〈キミ〉には紫外線を〈カンジ〉る色彩感覚がないから、オスもメスもどちらも白く〈ミ〉えるが、紫外線に対して色彩感覚を有するモンシロチョウは、紫外線を反射するメスと、反射しないオスでは、異なる〈イロ〉を〈カンジ〉ているはずである。

したがってヒトにあらわれる白色のモンシロチョウが草原を乱舞して〈ミエ〉る光景は、モンシロチョウが見ると、異なる色をした雌雄が絡み合って飛んで〈ミエ〉るにちがいない。これを、モンシロチョウの【感じた世界】を想定して解釈してみる。

オスの成虫は、自分にとって意味のあるアブラナ科の草原を目指して飛んでいく。目的地に着くと無数のモンシロチョウが乱舞している。オスはまず色調の〈カンジ〉をもとに、メスを識別する。そしてあるメスが交尾可能と判断したら、そのメスに向かって交尾行動を行う。これは、オスのモンシロチョウが、【感じた世界】のあらわれに基づき、宇宙（具体的には宇宙空間に存在するメス）に向けて、【世界の実践】活動を為す行動である。

交尾が為されるまでは、オスたちは花や蜜にはまったく眼もくれずに、メスと番うことに励む。しかしある時間が過ぎると、オスはメスを追うことをやめて、草原に咲く同じアブラナ科である菜の花などの花を探して、蜜を吸うことになる。

花はずっと前から咲いていたのに、メスを追っている間のオスは、花の存在にはまったく頓着しない。性的に動機づけられたオスにとっては、花の蜜は一切〈イミ・カチ〉がないようだ。しかし生殖行動の時が終わると、蜜をたっぷり含んだ花々が、俄然大きな〈イミ・カチ〉を持ちはじめることとなる。

このように、オスのモンシロチョウは、自分にあらわれる〈カンジ〉と〈イミ・カチ〉をもとに、時によってはメスであったり、場合に応じて蜜を含んだ花であったり、はたまたメスの場合は、卵を産む場所であったりと、宇宙空間に実在する種々の「モノ」に働きかけるのである。宇宙に生きる動物であるモンシロチョウは、その時々にあらわれる自分独自の【感じた世界】を〈カンジ〉ながら、宇宙空間に向けて【世界の実践】を為して、チョウとしての「命」を生きるのである。

ユクスキュルは、動物を取り巻く世界のあらわれは種によって異なるとして、「環世界」という概念を提唱した。本書は、ユクスキュルの「環世界」による設例を記号論の観点から解釈してみる。ちなみにユクスキュルは、本書が採用する記号論的解釈には興味を示さなかったようである。

ユクスキュルの言う「環世界」とは、動物はそれぞれの種が捉える独特の世界環境のもと、体に備わった機構や機能に基づいて、種に特有の行動を為すという考え方である。彼は耳や目をもたないマダニというダニの一種が、嗅覚、触覚、温度感覚によって「命」をまっとうする様子を取り上げて、「環世界」について雄弁に語る。以下その大略を引用する。

「成熟して交尾を終えたメスのダニは、潅木の枝先にまでよじ登って、温血動物が潅木の下を通るのを待ち受ける。ダニには眼がないので、待ち伏せの場所によじ登っていくときは、全身の皮膚に備わった光感覚を頼りにする。温血動物が淹木の茂みを通り抜けようとすると、ダニの嗅覚がその動物の発散する酪酸の分子を捉える。その瞬間ダニは枝を離れて下に落ちる。動物から飛散する酪酸の分子が、ダニにとっての信号となるのである。ユクスキュルによれば、ダニは動物上への落下に失敗すれば、また木登りを繰り返すが、その間18年間も、一種の睡眠状態で、生き続けることができるそうである。

首尾よく動物のうえに落ちたら、酪酸の匂いはもう役割を終え、今度は触覚の助けによって毛の少ない所に移動して、動物の皮膚に口吻を刺しこんで血を吸うことになる。栄養を充分取ったダニは、あとは地面に落ちて産卵をするだけである。ダニはこのようにして、ダニの環世界を生きる」（ユクスキュル『生物から見た世界』序章・環境と環世界より　岩波文庫）

ユクスキュルは、ダニを取り巻くダニにとっての環境全体を「環世界」として、ダニの「生」を語った。ダニの環世界には、見えるもの、聞こえるものはない。つまりユクスキュルは、ヒトや動物を取り巻く環境は、種によってすべて異なるとし、その異なる環境を「環世界」としたのだ。ユクスキュルによれば、ヒトや動物は、それぞれが異なる「環世界」に生きているということになるのだ。

上記を本書の記号論の主張に基づいて解釈する。ダニは認識主体として、動物の発する酪酸の分子や動物の体温、毛や皮膚の状態といった信号を受け取ると、それらの信号をダニの体内信号の伝播に変える。そこまでは宇宙空間における「モノ」同士の物化反応である。

しかるべき信号を受信したダニは、種に固有の体の機構や機能に基づいて、独自の【感じた世界】をあらわにする。この世界認識の能力が、ダニの生活のすべてなのである。ユクスキュルは、ダニに認識をもたらす環境を、ダニの「環世界」とするが、本書はダニにその都度創発する一つ一つの世界を、【感じた世界】とするのだ。つまり本書は、ダニはそのつどの異なる世界のあらわれに応じて、灌木の枝先によじ登ったり、動物の上に落ちたり、毛の少ないところに移動して血を吸うという【世界の実践】を為す、とするのである。

このモンシロチョウとダニの2つの例で言いたかったことを記そう。本書で言う【感じた世界】は、宇宙空間における「モノ」と「エネルギー」の物化反応だけではあらわれない。【感じた世界】は①認識主体と②認識与件と③認識内容という、信号の三項関係によってはじめて創発するのである。世界の創発は、科学でよく扱われる二項間の物化反応だけでは、語ることができないのだ。詳細は次節以降であきらかにする。

第二節　【感じた世界】はどのようにしてあらわれるのか

本節では、宇宙外の〈キミ〉の〈ココロ〉に、【感じた世界】がどのようにしてあらわれるのか、すなわち【感じた世界】が創発するまでのプロセスについて論じる。

第一章でも簡単に触れたが、世界にあらわれる〈カンジ〉や〈イミ・カチ〉と宇宙に実在する「モノ」や「コト」とを、同列に論じてはならない。〈カンジ〉に対応するのは、「モノ」や「コト」ではなく、【感じた世界】に〈カンジ〉と一体となってあらわれる〈イミ・カチ〉なのだ。

これから、「モノ」と「エネルギー」だけによってなり、〈イミ・カチ〉のない宇宙から、どのようにして「モノ」性と「エネルギー」性を欠いた、〈カンジ〉と〈イミ・カチ〉によってなる世界が、創発してくるのかについて説明する。

【感じた世界】の創発には、信号の三項関係という根元的、原初的な記号関係が介在するのだ。「モノ」と「エネルギー」しかない宇宙空間から、「モノ」性がなく〈カンジ〉と〈イミ・カチ〉だけの【感じた世界】があらわれる現象の根拠は、信号の三項関係にもとめられるのである。
この信号の三項関係は、本書の肝のひとつなので、ここで詳しく説明する。ぜひ理解いただきたい。デカルト以来の心身問題の根元も、ここにあるのである。

第一章の図（17ページ）によると、認識主体・世界解釈態〈キミ〉の〈ココロ〉が宇宙外に跳び出して、同時に【感じた世界】が、宇宙にある「キミ」の脳神経から宇宙外に吹きだすと世界があらわれる。そこに関与するのが、認識与件たる信号物性態なのだ。

一般に信号というと、あらかじめ定められた色、音、形などを用いてヒトに情報を伝える道具や方法や、それらによって定められた色、音、形などのことを言うが、本書は、【感じた世界】をあらわにすることとなる光や音波や分子や原子などの物性態を、信号とする。

信号には、体外信号と体内信号がある。体外信号とは、身体外部から身体に到達するまでの、宇宙空間を飛んでくる光や音波などの信号である。その体外信号が身体に到達すると、信号は種々変化しながら身体内を伝わっていくこととなる。それらを体内信号とする。

身体外部および身体内部を伝播していく体外信号や体内信号の一つひとつの物化反応を、信号反応とする。そして信号反応の連鎖、つまり信号反応の連続態のことを信号過程とする。信号は身体外部、感覚器官、神経系、脳内をかけめぐり、なかでのフィードバックも含めたきわめて精巧な仕組みのもとに、複雑な信号過程を経て、体外、体内の宇宙空間を伝播していく。これらはすべて、宇宙空間における物性態の物化反応（生化学反応）である。

信号過程が進行してある段階に達すると、体内を伝播してきた信号は、認識与件・信号物性態に転成する。ここからが信号の三項関係となる。この信号の三項関係によって、生命は宇宙外に、【感じた世界】をあらわにするのである。ここが肝である。詳しく説明する。

信号の三項関係を一言で言えば、①「世界をあらわにしようとする誰か（認識主体）が、②信号に該当する何か（認識与件）を、③意味としての何か（認識内容）として捉える、この①②③の三項の関係を言う。

ちなみに記号学ではこの3者を、①は「記号主体」、②は「記号表現」、③は「記号内容」とする。そしてたとえば①記号主体〈キミ〉が、②絵本に出てくる記号表現「犬」という文字を、③本のなかに描かれている桃太郎の家来になった記号内容「犬の絵」と解する場合、〈キミ〉を①「記号主体」、「犬という文字」を②「記号表現」、「犬の絵」を③「記号内容」とする。そしてこれら三項の関係を、記号の三項関係とするのである。記号学における三項のこの語法は、すでに公に確立しており、ソシュールは記号表現をシニフィアン、記号内容をシニフィエとして、記号学を論じた。

本書は前述の通り、記号学で言う記号主体を認識主体とし、記号表現を認識与件とし、記号内容を認識内容とした。その理由は、これまでの記号学が、言語によって語られたり、書かれたり、描かれた、本書で言う【記号の世界】を対象としただけだったのに対し、本書は【感じた世界】をも、記号論の考え方のもとで捉えるからである。

その場合、記号学の語法を使って説明すると、たとえばテーブルの上の「リンゴ」を〈ミ〉る〈キミ〉を記号主体としたり、「リンゴ」に反射した光信号を記号表現としたり、〈キミ〉に〈ミエ〉る〈リンゴ〉を記号内容とすることになり、〈キミ〉は違和感を覚えるにちがいない。

そこで本書は、記号主体・記号表現・記号内容という従来の語法を避けて、記号主体を認識主体、記号表現を認識与件、記号内容を認識内容としたのである。こうすれば「リンゴ」を〈ミ〉る〈キミ〉は認識主体となり、リンゴに反射した光は認識与件となり、〈キミ〉に〈ミエ〉る〈リンゴ〉は認識内容となるので、違和感がないと考えたのである。

ということで、ここからは、【感じた世界】があらわれるまでのプロセスについて、論じていく。あらためて言う。信号の三項関係とは、①生命体すなわち「モノ」である「キミ」が脱肉化して、デカルトの言う〈精神〉や〈心〉に該当する認識主体〈キミ〉に転成し、②信号が認識与件に転成し、③認識内容にあたる【感じた世界】が創発するという三項の関係を言うことになるのである。【感じた世界】は、信号の三項関係に基づいてあらわれるのだ。なお「信号が認識与件に転成する」とは、信号がなにか別のものになるということではなく、信号が物化反応から、三項関係に代わることを「転成」としたのである。また脱肉化とは、肉体を有する「キミ」が宇宙から跳びだして、肉のない〈精神〉に変わることを言う。

唐突であるが、ここで話を理解しやすくするために、デカルトの『方法序説』を引用しておく。

「(私の) 本質あるいは本性はただ、考えるということ以外の何ものでもなく、存在するために何らの場所をも要せず、いかなる物質的なものにも依存しない。」「私をして私たらしめるところの精神は、物体から全然分かたれているものであり、(中略) たとえ物体が存在せぬとしても、精神は、それがあるところのものであることをやめないであろう。」(『方法序説・情念論』野田又夫訳　中公文庫44ページ)。

以上の通り、デカルトの言う精神は、「物体から全然分かたれているもの」である。精神は物性態ではないから宇宙には存在しないのである。デカルトは、この精神の存在だけは、「それがあることをやめないであろう」すなわち「すべての存在を疑っても、精神の存在だけは疑うことはできないであろう」とした。なぜなら、我（精神）が存在しないとなれば、疑うこと自体が成り立たなくなってしまうからである。

この誰もが反論できない論拠のもとに、有名な「我思うゆえに我あり」は、発せられたのである。ここにデカルトが言う精神を、本書は〈ココロ〉とする。〈ココロ〉はデカルトの精神（物体から全然分かたれているもの）と同様、宇宙外に跳び出した存在なのである。ということで、ここでは、精神を〈精神〉と記す。

このデカルトの言は、〈精神〉が、宇宙に存在する肉体から宇宙外に跳び出し、それと同時に物性を有しない、〈カンジ〉と、〈イミ・カチ〉だけの〈セカイ〉が、宇宙から、宇宙の外に吹きだすことを、示唆するのである。

物質的なものすなわち物体は、宇宙に実在するかもしれないし、疑えば実在しないかもしれない。しかし〈精神〉はその物体から分かたれており、たとえ物体が存在しなくても、「〈精神〉はあるところのものであることをやめない」ことは「疑い得ない」とデカルトは言うのである。

デカルトの言う〈精神〉が宇宙外存在であることは、第一章の図（17ページ）にも、〈ボク〉〈キミ〉〈タニン〉として描き込んである。その〈精神〉とともに【感じた世界】が、宇宙から吹きだして〈キミ〉の〈ココロ〉に〈イミ・カチ〉として創発するのが、本書の世界のあらわれの構図なのである。

生物としての「キミ」は、細胞からなる「モノ」にすぎず、体内で代謝反応を繰り返すだけの存在であった。それだけでは、「キミ」はただ植物のように生きるだけで、〈キミ〉が世界をあらわにして、「生」を能動的に生きる、認識主体としての〈キミ〉は姿を見せない。

しかしいったん信号の三項関係が成立すると、物性態「キミ」は、①認識主体・世界解釈態〈キミ〉、すなわち〈キミ〉の〈ココロ〉（〈精神〉）に転成し、いままでの、ただの「モノ」にすぎなかった「キミ」とは、まったく異なる〈精神〉としての存在となる。そして②信号物性態が認識与件・信号物性態と名を変えて、③【感じた世界】が、宇宙外に創発するのである。

過去の記号論では、信号の三項関係によって、世界が、宇宙から吹きだすということの語りは、たとえば廣松渉の現相的世界の四肢構造論（『著作集』第十五巻「存在と意味」第一巻第一篇・岩波書店）のように、それが示唆されることはあっても、本書のようにはっきりと語られたことはなかったと思う。しかしこれこそが、「モノ」と「エネルギー」から成る宇宙空間から、〈カンジ〉と〈イミ・カチ〉からなる世界があらわれるという、宇宙に命を生きる動物に特有の生命活動のきっかけとなるのである。くどくなるが、重要なのでさらに述べておく。

①認識主体・世界解釈態と②認識与件・信号物性態と③認識内容・【感じた世界】の三項関係は、近代哲学の大難題であった「モノ」と〈ココロ〉を結びつける役割を果たすこととなるのだ（心身問題）。

認識与件である信号は、光や音波や原子、分子などの「モノ」や「エネルギー」すなわち物性態であり、その信号の発信源も、すべては宇宙に実在する「モノ」または「エネルギー」である。それに対して認識主体・世界解釈態〈キミ〉は、デカルトの『方法序説』でも言われた通り、宇宙に実在する物性態「キミ」が脱肉化して、宇宙外の認識主体に転成した、〈ココロ〉すなわち〈精神〉としての〈キミ〉なのである。

いまや〈キミ〉は、宇宙から跳び出してしまい、宇宙には実在しない存在である。そして〈キミ〉に世界としてあらわれた認識内容すなわち【感じた世界】も、第一章で述べた通り「モノ」ではなく、〈カンジ〉と〈イミ・カチ〉を懐胎して〈キミ〉の〈ココロ〉に創発した、宇宙から吹きだした存在なのである。

以上の信号の三項関係という新概念の導入によって、デカルトの心身問題は解決するのだ。デカルトは、「モノ」と〈ココロ〉が交わる場は、脳に実在する松果腺《しょうかせん》であるとして、後々多くの哲学者を戸惑わせた。もし松果腺の比喩を使わずに、〈セカイ〉すなわちデカルトのいう〈カンネン（観念）〉が宇宙から吹きだして、認識主体すなわち〈キミ〉の〈ココロ（精神）〉に、〈カンジ〉としてあらわれると言ったら、宇宙に実在する「モノ」や「エネルギー」と、世界をあらわにする〈ココロ〉との関連は、もっと容易に理解されたのではなかったか。

デカルトは、「心身問題」を難題（アポリア）とは考えていなかったのではないか。なぜなら数ページ前に唐突に引用したが、デカルトは「ワレ」から〈ワレ〉が転成すること、すなわち「我思う」の「我」は物質を超えた存在としての〈ワレ〉であることを『方法序説』で論述し、それは、ほとんどの人に理解されたのである。したがって本書が言う世界（デカルトの言う観念）が、宇宙外に吹きだして〈ワレ〉にあらわれることは、当然人々に理解されたとデカルトは考えたに違いない。これはあくまで筆者の推測だが、デカルトは、そういうことなら物と心の関係すなわち心身問題は、当然理解されていると考え、ここで松果腺を比喩として使ったのではないか。そしてそれが混乱を招いてしまったのではなかったか。筆者はそう想像するのである。閑話休題。

【感じた世界】には、「モノ」や「コト」や「タイショウ（対象）」、また〈ココロ〉や〈キミ〉や〈ボク〉、があらわれることはない。はじめに「モノ」があって、それがヒトにあらわれる（いわゆる唯物論）、はじめにヒトの〈ココロ〉があって、そこに「モノ」があらわれる（いわゆる唯心論）というような論議は、【感じた世界】にあっては意味がないのだ。なにせ世界は、宇宙から跳び出した〈キミ〉の〈ココロ〉に、〈カンジ〉と〈イミ・カチ〉が一体となって吹きだしてあらわれた、ただそれだけなのだから、そこには物心二元論が語られるいわれは一切ないのである。

古代ギリシャの哲人プラトンは、洞窟の比喩を用いて「イデア」について語った。プラトンの洞窟の比喩の説明は省くが、本書もプラトンに倣《なら》って、ここに本書流の洞窟の比喩を語っておく。

本書の宇宙は暗黒の洞窟宇宙である。洞窟宇宙空間では物化反応が繰り返されて、宇宙は転変している。しかし宇宙は暗黒であるがゆえに、宇宙内物性態は、誰にも直接認識することができない。〈キミ〉が宇宙を〈カンジ〉るのは、〈キミ〉が【感じた世界】を、洞窟宇宙の外の明るみに吹きだした時だけである。しかし吹きだされたその世界は、〈キミ〉の〈カンジ〉なのだから、宇宙の一部とはいえない。第一章の図（17ページ）参照のこと。

つまり世界は、宇宙外の明るみに吹きだされてあらわれるが、宇宙自体は常に暗黒の洞窟宇宙であり続けるのだ。言いたいことは、ヒトが何かを認識するとき、認識した〈モノ〉と、その〈モノ〉のもととなった宇宙にある「対象」とは、あきらかに別物だが、その「対象」（別物）がどうなっているのかは、ヒトには一切わからないということである。これをカントは、物自体は不可知であると言った（不可知論）。

たとえば、画家の描く人物画と、そのモデルとなった人物、すなわち対象との関係は、どちらも画家によって認識されており、絵画の制作現場にいるヒトなら、その絵の鑑賞者にも認識される。それに対してヒトが世界を認識する場合には、その対象自体、つまり画家にとってのモデルに該当する「モノ」は、誰にも認識できず、ヒトが認識できるのは、作品の「絵」に該当する、そのヒトにあらわれた世界だけだ、ということである。

画家が描くモデルにあたる、宇宙に実在する「ナニカ」は、暗黒の洞窟宇宙に置かれたままで、我々には、その様相は一切明らかにならないことを理解したうえで、我々は哲学に取り組まなければならないのである。

本節はこれで終わるが、説明がくどすぎたり、内容が分かりにくかったりしたところがあったと思う。ここでの論述は、近代哲学に対する本書の批判が含まれているので、哲学に詳しい読者ほど、理解しにくかったかもしれない。表現がまずい点もあっただろう。ご寛恕いただき、本節の内容については、既存の哲学との違いも含めて、ぜひ理解いただきたく想う。

ここからは、第一章の最後でちょっと触れた、①体感世界、②情感世界、③五感世界、の3世界について、節を分けて論じていくこととする。ここからの本書の内容は、既往の哲学と近しい関係にあるので、それほど難しくはないはずである。

第三節　体感世界

体感世界は、情感世界、五感世界とならんで【感じた世界】のひとつである。〈キミ〉の体が〈イタミ〉や〈カユミ〉や〈ニョウイ〉や〈クウフクカン〉などを〈カンジ〉た時に、あらわれる世界が、体感世界である。〈キミ〉以外の〈タシャ〉が、〈キミ〉の体感世界、すなわち〈キミ〉の〈イタミ〉や〈クウフク〉を〈カンジ〉ることはない（他我問題）。それは第一章の図（17ページ）を見れば明らかである。

体感世界は、ヒトに備わった①特殊感覚、②内臓感覚、③体性感覚、という3つの感覚器官系を通じてあらわれる世界である。ただこの3器官によるあらわれは、体感世界だけでなく、後述する五感世界のあらわれも引き起こすので、以下にその両者の違いをはっきりさせておく。

① 特殊感覚には視覚、聴覚、味覚、嗅覚と平衡感覚がある。その中では、平衡感覚だけが体感世界である。その他の4覚は五感世界のなかの4感である。視覚から平衡感覚までが特殊感覚と言われるのは、目や耳、鼻、舌など、平衡感覚も含めたすべてが、体の特殊な部位で信号を受容するからである。

② 内臓感覚はその名の通り、内臓に由来する感覚である。満腹感、空腹感、のどの渇き、便意、尿意、吐き気などが内臓感覚である。これらの感覚はすべて体感世界である。

③ 体性感覚には、深部感覚と皮膚感覚がある。深部感覚には、筋肉や関節や腱の運動感覚や、体表面以外の痛みである深部痛があるが、これらはすべて体感世界である。皮膚感覚には、触覚・圧覚、振動感覚、温度感覚（温覚・冷覚）、体表面痛覚などがある。それらのなかでは触覚だけが五感世界であり、他はすべて体感世界である。①で述べた平衡感覚以外の

4覚（視覚、聴覚、味覚、嗅覚）に触覚がプラスされるから五感世界が、五感になるのである。

たとえば暗闇のなかで、手探りで机の上にあるめがねを取ろうとする時、机の角に触って〈ツクエ〉と認識し、その上にある〈メガネ〉を、手探りで感知するのは、〈ツクエ〉や〈メガネ〉を〈カンジ〉とる行為だから、体感世界ではなく、五感世界のなかの触覚世界となる。それに対して、うす暗い室内を歩いていて、机の脚に足の小指をぶつけ、強烈な〈イタミ〉を感じるのは、体感世界である。その後机の脚に認識がおよべば、その認識は触覚となる。ただしその場合であっても小指の痛みは、体感世界である。

体感世界のあらわれについて述べておく。体外から「キミ」の体表面にもたらされた体外信号や、「キミ」の体内の「ドコカ」にもたらされた、たとえば細菌やウイルスなどの体内での作用、そしてまた体内器官で発生し、やがて空腹や尿意などをもたらすこととなる体内信号の生起反応が、体感世界創発の始動因となる。

「キミ」が風呂場で誤って冷水を浴びたとき体表面に感じる、水の温度という物理的な体外信号や、腹痛の場合の胃壁に達した細菌という体内信号が、体感世界のあらわれの始動因になるのである。

また臓器感覚である満腹、空腹、乾き、尿意、吐き気などは、不断に繰り返される生化学反応が、ある状況において身体に警告を発する際にあらわれるもので、当該臓器における体内信号の生起反応が、世界のあらわれの始動因となる。

体内信号は、体内信号の生起・伝播反応によって神経細胞を活性化させ、「キミ」の生体組織、即ち細胞、組織、器官、器官系を通じて脳に伝達される。

体感世界は、現況系の信号過程をもとにしてあらわれる。その信号過程のどこかで、物性態「キミ」が、世界解釈態〈キミ〉に転成して、〈キミ〉に体感世界が創発するのである。

その際の信号の三項関係は、①認識主体・世界解釈態〈キミ〉と、②認識与件・信号物性態（体外信号・体内信号）と、③認識内容・「体感世界」の三項によってなる。①が宇宙の外に〈ココロ〉として跳びだし、③が宇宙の外の〈キミ〉の〈ココロ〉に〈タイカン〉として吹きだすのだ。②の認識与件・信号物性態は、宇宙外に跳びだすことなく、物性態として、宇宙内にとどまったままである。

体感世界のあらわれの身体防御的側面について、述べておく。適温の風呂に浸かったり、愛する人に愛撫される場合のように、ある種の皮膚感覚には快の要素もあるが、体感世界の多くは、痛みにしろ、空腹感にしろ、便意や吐き気にしろ、乗り物酔いにしろ、身体のおかれた正常な状況を欠く状態に対して対処を迫るという、身体防御的な側面を、強く持っている。

後述の情感世界や五感世界は、身体が差し迫った状況に置かれる前に、あらかじめそれに対処しておく、といった意味合いであらわれる場合もあるが、体感世界の多くは、急いで身体面での対応をとる必要がある場合にあらわれるのである。

それだけに体感世界は、下等動物にとっても必須の世界で、単細胞生物においても、体感世界のあらわれに基づく危機回避の行動が認められる。つまり体感世界は、平衡感覚をはじめとして、生命体にとってもっとも根元的な場面で体に対応をせまるために、あらわれる世界なのである。

体感世界は、身体防御のような受動的な側面だけでなく、主体が能動的に「生」を生きることに関しても役割を果たす。たとえば、種族維持を図るための雌雄の接触は、多くのヒトにとっては、快の体感や、次節で述べる「快」や「好」の情感を伴うし、下等な生命体にあっても、快を〈カンジ〉るであろう気温や水温の方向への身体移動は、よく観察されるのである。

第四節　情感世界

デカルトが『情念論』において、精神の諸情念を統御する必要があるとして枚挙した世界を、本書は情感世界とする。情念世界でなく情感世界としたのは、先に述べた「体感世界」と次に述べる「五感世界」のどちらにも「感」がつくので、3世界とも「感」を共有させるのがよいと考えたからである。

情感という言葉は、ヒトを対象にして使われる場合には問題ないが、「動物の情感」とすると、「動物の情念」ほどではないにしても、かなりの違和感がある。動物の場合は情感世界でなく情動世界としたほうがよいのかもしれない。ただヒトの場合は情感世界のほうがより幅広く使えるから、本書ではヒトに合わせて情感世界とした。

情感世界とは、認識主体・世界解釈態〈キミ〉が感じる「驚き」や、喜怒哀楽、恐れ、愛憎、他者に対する恨み、妬み、憐みなどの心的な「快苦」や、〈キミ〉にあらわれた世界そのものの「好嫌《すききらい》」が〈キミ〉にあらわれた世界である。

デカルトは、情念とは〈キミ〉に創発した能動世界を受動することによって、あらわれる世界であると考えた。〈ミエ〉たり〈キコエ〉たりの能動世界が先にあらわれ、それにつれて、またはそれと同時に、受動世界が驚きや喜怒哀楽や妬みや恨みなどなどの情感世界となって、〈キミ〉にあらわれるとしたのである。

情感世界は、「イマ」「ソコ」で〈キミ〉にあらわれた、〈キミ〉の情感である。しかし情感のもととなった世界が、「イマ」「ソコ」の〈キミ〉の世界である必要はない。たとえば昨日サッカーの試合に負けたことを、「イマ」とても〈クヤシ〉く思い返すとき、試合に負けたことは「イマ」でなく昨日のことであるが、その世界をもととした〈クヤシ〉さは、「イマ」の〈クヤシ〉さであり情感世界そのものである。

この例からもわかるように、もとの世界の中身（能動）は、過去や未来やどこかや誰かの世界であったとしても、あらたな信号の三項関係によって〈キミ〉に受動としてあらわれる情感世界は、「イマ」「ソコ」の世界でなければならない。

つまり過去に行われた、または未来に行われるであろう評価、たとえばあのときボクは悲しかった、来年試験に合格すれば、その時はきっとうれしいだろう、あの時ボクは彼に嫉妬心を感じていた、などという世界は情感世界ではない。これらは第三章で述べる、【記号の世界】のなかの過去や未来についての創作世界なのである。

情感世界をどのように整理したらよいか考える。情感世界には数え切れないほど多くの世界がある。デカルトの『情念論』で枚挙されているものを冒頭から途中まで書き出しても、〈オドロキ〉、〈ソンチョウ〉と〈ケイベツ〉、〈コウマイ〉と〈コウマン〉、〈ケンソン〉と〈ヒクツ〉、〈ソンケイ〉と〈ケイベツ〉、〈アイ〉と〈ニクシミ〉、〈ヨクボウ〉〈キボウ〉〈ケネン〉〈シュウシン〉〈アンシン〉〈ゼツボウ〉、〈フケツダン〉〈ユウキ〉〈ダイタン〉〈マケギライ〉〈オクビョウ〉〈キョウフ〉、〈ナイシンのファン〉〈ヨロコビ〉と〈カナシミ〉、〈アザケリ〉〈ウラヤミ〉〈アワレミ〉などなどたくさん書かれている。

上記は野田又夫訳の『情念論』からの抜き書きで、ここまで述べた情念論に関する記述は、すべて同書（『方法叙説・情念論』　中公文庫　野田又夫訳）からのものである。そこでは上記は仮名書きではなく、すべてが漢字表記となっている。しかし本書の流儀にしたがえば、情感世界は【感じた世界】であるから、〈オドロキ〉〈ソンチョウ〉などと片仮名書きで記すことになる。こうすれば、過去の驚いたことなどは避けて、いま実感した〈オドロキ〉だけをあらわすことができるからである。

本書は、デカルトの情念からまず「驚き」を取り出して論述する。ついで認識主体〈キミ〉

にあらわれた情感世界が、〈キミ〉にとって「快」と〈カンジ〉るか、「苦」と〈カンジ〉るか、という観点から論じる。

さらに〈キミ〉にあらわれた情感世界が、〈キミ〉にとって「好き」か「嫌い」か、どちらかに分かれる、という観点から論じたうえで、「〈カイ〉—〈ク〉」の評価軸と「〈スキ〉—〈キライ〉」の評価軸のマトリックスを考えることによって、情感世界の整理を試みる。ただしこれは情感世界の分類ということではなく、あくまで考え方の整理である。

デカルトは『情念論』で「驚き」について、『なんらかの対象の最初の出現が、われわれの不意を撃ち、それをわれわれが新しいと判断するとき、すなわち以前知っているもの、あるいはわれわれがかくあるべしと想定していたものとは、非常にちがっていると判断するとき、われわれはその対象に驚き、驚愕する。（中略）「驚き」はあらゆる情念の最初のものであると私には思われる』（前述『情念論』五三、140ページ）と述べる。

たしかに不意を打たれると、我々は驚くが、それが旧知のものと知ったとたん、驚きは解消される。デカルトの言う通り、はじめての世界は、驚きとともにあらわれるのだ。これを本書流に言うと、驚きとは「未知の世界のあらわれに〈オドロク〉こと」である。知らないヒトとはじめて会って挨拶するとき、〈キミ〉の脳内のシナプスには、そのヒトに関する記憶は存在していない。そこで他人から紹介されたり、当人から自己紹介されたりして、その言葉と、〈ミタリ〉〈アクシュシタリ〉する視覚や触覚や声の調子や訛りを頼りに、ある種の驚きとともに、そのヒトについて、〈キミ〉の脳内のしかるべきシナプスに、記憶を採録していくことになる。

上記の状況を考えると、驚きの〈カンジ〉は新しい記憶信号がシナプスに物性態として把持されるチャンスとなる。紹介されたヒトが一生の友人となるような場合には、シナプスの変形がなされ、確乎《かっこ》とした記憶となって残る。立食パーティーの場で単に挨拶をしただけのような場合は、一時的に短期記憶されて、すぐに忘れ去ってしまう。

快苦に基づく情感世界の整理について述べる。情感世界は、種類とその程度を思うと無数にあるが、それらは〈キミ〉の心的な快苦を尺度として、整理することができる。ただ快苦と言っても、身体的な快苦は、体感世界に属するから、情感世界には、「心的な」快苦だけが属することになる。

情感世界は、普通は〈キミ〉にとって極めて大きな〈カイ〉から、快の程度がだんだん小さくなって、ゼロ点を越えて苦の領域に至り、言いようのない大きな苦へと達する線上の、どこかに位置づけられる。

例をあげておく。あるヒトが希望する大学の入学試験に合格したという知らせを〈キミ〉が受けた場合の、〈キミ〉の情感世界のあらわれについて考える。あるヒトが〈キミ〉自身であったとすれば、〈キミ〉には〈オオキナヨロコビ〉の世界があらわれる。それは大きな〈カイ〉に位置づけられる。しかし疎遠な友人や、1度しか会ったことのない人の合格の〈ヨロコビ〉は、ゼロ点よりちょっと〈カイ〉のほうに寄った線上の場合がほとんどだろう。でも〈キミ〉のライバルが合格した場合は、〈イワウキモチ〉よりも〈ウラヤマシサ〉や〈シット〉の〈ク〉の情感世界があらわれる。〈キミ〉はいろいろなヒトの入試の合否について、〈キミ〉の快苦の線上に位置づけることができるのだ。

なかには、「〈カイ〉だけれども〈ク〉である」という情感や、「〈ク〉だけれども〈カイ〉も〈カンジ〉る」といった、快と苦が同時にあらわれる情感世界がある。ここでも例をあげておく。〈キミ〉がある人を、片思いで好きになってしまったとする。そこにあらわれる情感世界は、〈ココロガハズム〉ような、〈ウキタツ〉ような、〈アマズッパイ〉ような、〈トキメク〉ような、〈コワイ〉ような、〈フアンナ〉ような、時には〈シニタクナル〉ような、いわく言い難い世界があらわれる。大きな〈カイ〉はあるが〈ク〉も入り混じってくる複雑な世界のあらわれである。

またあるとき〈キミ〉が、人生のなかで非常な苦境に立たされ、もう回復不能と感じるような状況になったとする。そのとき、〈キミ〉の〈ク〉は計り知れないほど大きいはずだが、〈クルシミ〉が大きすぎると、どうとでもなれといった気持ちと同時に、ある種の被虐的な〈ココチヨサ〉があらわれるといったようなことが、小説や人生経験の中で語られることがある。

情感世界のなかには、この次に述べる好嫌はあっても、快苦については中立の世界がある。たとえば〈ニワニカエルガミエル〉〈トオクニヤマガミエル〉などの五感世界があらわれたときに、蛙は〈キライ〉だ。山は〈スキダ〉等の情感世界があらわれたとしても、それは蛙や山に対する好嫌だけで、そこに〈キミ〉の〈カイ〉〈ク〉はあらわれてこない。ということは、〈キミ〉には好嫌はあっても、上述した快苦に関する世界はないということになる。ただ蛙を見て〈キモチワルク〉なり、山を見て〈スガスガシク〉なれば、そのときそれらは快苦のどこかに位置づけられる。

情感世界は極めて複雑なあらわれ方をするが、この世界を整理する方法のひとつとして、上記に基づき、〈キミ〉が〈カンジ〉る①「〈カイ〉」、②「〈ク〉」、③「〈カイ〉〈ク〉が入り交じってあらわれる」、④「〈カイ〉も〈ク〉もあらわれない」という4つのカテゴリーに分けて考えることには、それなりの意味がある。

好嫌《すききらい》に基づく情感世界の整理についても述べておく。情感世界は、〈キミ〉にあらわれた世界の中身が、〈スキ〉か〈キライ〉かに基づいて、整理することができる。上に述べた〈ニワニカエルガミエル〉のような場合である。〈ミエル〉と同時に、〈キミ〉にはカエルが〈スキ〉か〈キライ〉かの情感があらわれる。

あるヒトを〈ソンケイ〉する、〈ケイベツ〉する、〈コウマイ〉なヒトだ、〈コウマンナ〉ヒトだ、〈ケンジョウ〉なヒトだ、〈ヒクツナ〉ヒトだ、〈アイシテイル〉、〈ニクンデイル〉など、前述したデカルトの枚挙は、多くの場合〈スキ〉か〈キライ〉かに整理できる。このように、あらわれた情感世界をその好嫌の程度に応じて〈ダイスキ〉から〈ダイキライ〉までのどこかに位置づけて考えるのは、情感世界の整理のひとつの方法である。

しかしなかには「〈スキ〉だけど〈キライ〉」や「〈キライ〉だけど〈スキ〉」といった複雑な情感世界もある。親しい友人の性格の〈スキ〉〈キライ〉や、従事している職業や身近なできごとや物ごとに対する〈スキ〉〈キライ〉には、このような複雑な感情がよく見られる。

情感世界のなかには、前段で述べた快苦はあっても、〈スキ〉〈キライ〉についてはまったく中立の世界がある。たとえば冬のある日、陽だまりの縁側に干してある布団の上に寝そべってうつらうつらしているときに、〈カイ〉は感じるが、それをもたらす対象たとえば日差しや布団についての〈スキ〉〈キライ〉などは、それをあえて考えない限りなにも感じない。

このように情感世界のあらわれを①「〈スキ〉」、②「〈キライ〉」、③「〈スキ〉と〈キライ〉

が入り交ってあらわれる」、④「〈スキ〉〈キライ〉を論じるのは無意味」の４つのカテゴリーに分けて、そのなかで、それぞれの程度に応じて、〈ダイスキ〉〈チョットスキ〉〈ダイキライ〉などの濃淡をつけて考えることは、世界の整理の方法として意味がある。

デカルトが『情念論』で枚挙した情念は、上記で述べた快苦の４カテゴリー即ち〈カイ〉〈ク〉〈カイかつク〉〈カイでもクでもない〉、好き嫌いの４カテゴリー即ち〈スキ〉〈キライ〉〈スキかつキライ〉〈スキでもキライでもない〉の都合16のマトリクスのどこかに整理することができる。

ここで論じている「快苦」「好嫌」により整理しようとする情感世界については、「〈カイ〉にも〈ク〉にも該当せず」かつ「〈スキ〉にも〈キライ〉にもあたらない」という両方ともに中立のセルに入る世界は考えられない。認識主体にとって、快苦が無く、なおかつ対象となる物ごとについての好嫌も無いとなれば、それは情感世界とは言えないからである。

〈カイ〉でも〈ク〉でもなく、〈スキ〉でも〈キライ〉でもないセルには、先に述べた驚き世界の一部が入る。驚き世界には、〈カイ〉でも〈ク〉でもなく、〈スキ〉でも〈キライ〉でもない世界があるからである。たとえば前に例にあげた立食パーティーで、知らないヒトに紹介された場合の驚きを考えると、出会った当初は〈カイ〉でも〈ク〉でもなく、また〈スキ〉でも

〈キライ〉でもないというのが普通である。その場合の驚き世界は、このセルに入る。ただ快苦や好嫌を伴う驚きもあるから、驚きはすべてがこのセルに入るということではない。

〈キミ〉にあらわれた情感世界が16のマトリクスのどこに入るかについては、よく考えれば〈キミ〉にはおおよその診断ができる。そしてそれぞれのセルのなかで、その程度がどのくらい大きいか小さいかについても、〈キミ〉は判断を下すことができる。

この判断は、デカルトが『情念論』において、情念の統御のために論述しようとした個々の情念についての、〈キミ〉なりの対処の仕方に役立てることができるはずである。

デカルトは、すべての情念が「驚き」「愛」「憎しみ」「欲望」「喜び」「悲しみ」の6つの基本的な情念に属するとし、またデカルト以前の先人は、すべての情念を「欲望に属するもの」と「怒りに属するもの」に区別して枚挙したと論じたが、筆者のこの16のマトリクスによる情念の整理は、デカルトの整理、そしてデカルトの言う、デカルト以前の先人たちの整理に比べて、より適切な区分であると考えるのだがどうだろう。

ちなみにジェレミー・ベンサムは功利主義を唱え「最大多数の最大幸福」を主唱して有名だが、その幸福の基準を快苦の程度に求めた。彼が快苦だけでなく好嫌も併せて、この16のマトリクスで論を展開したら、どのような考えを披歴したか、興味がわくところである。

第五節　五感世界

五感は視覚、聴覚、味覚、嗅覚、触覚を指し、五官は目、耳、舌、鼻、皮膚を指す。これらのもとにあらわれる世界が、五感世界である。皮膚感覚の場合は、体外に存在する「モノ」に触って、〈キミ〉がそれを何らかの〈モノ〉として〈カンジ〉た場合の触感が、五感世界である。触感以外の皮膚感覚はすべて体感世界である。これは「第三節　体感世界」で、すでに述べた。たとえば体表面に感じる〈イタミ〉や〈カユサ〉や〈キモチヨサ〉などは体感世界である。触覚に関しては、五感と体感の違いがあいまいに扱われることが多いが、本書はこの両者を厳密に区別する。

五感世界は、体外から体内に至る信号過程をもとに、〈キミ〉に【感じた世界】が創発した世界である。電磁波や音波や分子などの体外信号が、〈キミ〉の五官（目・耳・舌・鼻・皮膚）にもたらされると、体表面にある感覚受容細胞において体内信号が生起して、外部からきた電磁波や音波や分子などの信号は、物理的・化学的信号に変化する。体内信号は、電気信号→化学信号→電気信号と変化しながら、脳中枢に伝播していく。その信号過程の終端で信号の三項関係が成立すると、五感世界があらわれるのである。

宇宙には〈イロ〉や〈オト〉や〈ニオイ〉は存在せず、電磁波や空気の疎密波や原子や分子の諸物性態が、信号物性態として存在するだけである。〈イロ〉や〈オト〉や〈ニオイ〉は、宇宙空間にではなく、宇宙から吹きだして、宇宙外の〈キミ〉の【感じた世界】にあらわれるのである（第一章の図17ページ参照）。

〈ヒト〉が〈カンジ〉る〈カタチ〉〈オオキサ〉〈ウゴキ〉も、〈キミ〉の世界に〈カンジ〉としてあらわれるのであり、それらの〈カタチ〉〈オオキサ〉〈ウゴキ〉そのものが、宇宙空間における「モノ」そのものの在り方である、と考えるのは誤りである。実際には宇宙においても、何らかの「モノ」の「カタチ」「オオキサ」「ウゴキ」はあるはずだが、洞窟宇宙の暗闇に存在する「モノ」そのものは、〈ヒト〉が〈カンジ〉る〈モノ〉とは異なる。それは〈ヒト〉が知るところとはなり得ないのだ。

しかしながら〈ヒト〉は、〈ミエ（見え）〉として〈カンジ〉ることについては、「モノ」そのものがあるがままに、そのままあらわれていると勘違いしがちである。ジョン・ロックは物性態の「カタチ」や「オオキサ」や「ウゴキ」は、「モノ」の第一性質として宇宙内に実在するが、〈キコエ〉や〈ニオイ〉などは宇宙には実在しない第二性質とした。この言は正しいが、【感じた世界】の〈カタチ〉や〈オオキサ〉や〈ウゴキ〉が、宇宙内に〈キミ〉が〈ミ〉る通りに実在すると考えるならば、それは誤りである。本書は第五章第二節で、物自体の宇宙内実在を証明するが、その物自体が、どのような様相で宇宙に実在するかは、不明なのである。〈ヒト〉に〈ミエ〉る〈カタチ〉〈オオキサ〉〈ウゴキ〉が、宇宙内の「カタチ」「オオキサ」「ウゴキ」そのものとすると、複眼構造を有する大きな〈ムシ〉や小さな〈ムシ〉、また種々の〈トリ〉に〈ミエル〉、〈カタチ〉〈オオキサ〉〈ウゴキ〉も、宇宙空間において〈キミ〉が〈ミ〉る〈カタチ〉〈オオキサ〉〈ウゴキ〉と同じようにあることになる。そしてそれらは、それぞれが〈ミ〉る〈カタチ〉〈オオキサ〉〈ウゴキ〉に変化して、あらわれるということになる。そしてヒトだけが、宇宙空間にある「カタチ」「オオキサ」「ウゴキ」と同じものを、【感じた世界】にあらわにするということになれば、それはどう考えてもおかしいだろう。

ここでヒトの五感世界のあらわれに関わる体外信号と、体内信号の伝播について感覚別に記す。視覚のあらわれに関わる体外信号は、ある範囲の周波数の電磁波（光）である。外部からの反射光や散乱光や屈折光が、網膜の感覚受容細胞である杆体《かんたい》細胞や錐体《すいたい》細胞に受容されると、光信号は細胞膜内外のイオン濃度を変化させ、活動電位が発生する。すると〈キミ〉が、体外にある「ナニカ」の明るさ、色、コントラスト、動き、形、遠近などを見分けるもととなる信号が、脳に伝えられていく。

聴覚のあらわれに関わる信号は、耳に到達する空気の疎密波（音波）である。外部からくる空気の疎密波が鼓膜を振動させると、つち骨、きぬた骨、あぶみ骨の順に生体内で信号が伝播し、内耳の液体（リンパ）に進行波として伝わる。こうして伝えられた音波は、内耳のコルチ器において有毛細胞を刺激して、そこに活動電位が発生する。そして神経細胞内の物化反応により、やがては〈キミ〉に音の高低、強弱、音色などとしてあらわれることとなる体内信号の受け渡しがはじまり、信号が脳に伝えられていく。

嗅覚のあらわれに関わる信号は、揮発性物質である。匂いは、ある物体の表面から気化した化学物質の蒸気が、鼻粘膜を刺激し、嗅細胞を活性化させることによって生じる。鼻粘膜がどのようなメカニズムによって嗅覚を感じるかについては諸説あるが、いずれの場合でも、細胞が活性化した後は、神経細胞に活動電位が生じ、それが中枢神経を通じて、脳に体内信号として伝えられていく。

味覚のあらわれに関わる信号は、水溶性物質である。味覚は、化学物質の水溶液が味覚受容器に与える化学的感覚である。〈キミ〉が味を感じるのは、水に溶けた化学物質や、食物から唾液によって溶け出した化学物質が、舌などにある味蕾《みらい》の味覚受容細胞に吸着して、その化学的刺激によって、味覚受容細胞の内外電位差が変化して、味覚神経線維に発生した活動電位が大脳に伝達されることによりはじまる。

触覚については、たとえば手の指先の指紋の部分には、たった1ミクロンだけへこますような圧迫でも感じることができる、マイスナー触角小体と呼ばれる第一次神経細胞が存在している。指先に「モノ」が触ると、マイスナー触角小体がすばやく反応して、活動電位が生じる。それが第二次、第三次神経細胞を通じて、脳に信号として送り込まれると、〈キミ〉は指先に種々の触感を感じることとなる。触覚のあらわれに関する、体外物性態からの信号は、体表を構成する皮膚のすべての表面に到達する物理的、化学的な刺激によってもたらされ、その後の体内信号の伝播は、指先の場合と同じである。

五感世界のあらわれの機序について述べる。五感世界のあらわれのプロセスは、身体に伝播してきた一定範囲の波長の電磁波（視覚）や空気の疎密波（聴覚）や揮発性物質（嗅覚）や水溶性物質（味覚）や物理的あるいは化学的刺激（触覚）によってなる体外現況信号を、「キミ」が5つの感官を通じて、受信することを始動因としてはじまる。

信号感知細胞によって受容された電磁波や音波や分子や、その他物性の異なる体外現況信号は、体内に入るとどれも、細胞膜の内外イオン差の変化に基づく膜電位の変動を通じて、活動電位を発生させる。5つの感官それぞれが受容する体外信号の物理的・化学的性質は異なっても、信号が体内に受容された後は、すべてが化学的な反応を伴いながらの、電気信号の伝播という形式で、中枢神経系を通じて脳の感覚野に伝えられていくのである。体外信号の物理的性質が電波や音波や分子や原子など異なっても、体内信号となるとすべてが同一形式で伝えられていくことは注目に値する。

上記体内現況信号物性態の生起・伝播反応が進行する過程のどこかで、信号の三項関係が成立する。いままで単なる生命体に過ぎなかった「キミ」が、①認識主体・世界解釈態〈キミ〉に転成し、②伝播してきた信号が認識与件・信号物性態に転成し、そして③【感じた世界】が創発するという、信号の三項関係の成立である（第三章第二節参照）。

上述した物化反応に基づいて進行していく信号過程は、科学の進歩によって詳しく語ることができるようになってきた。しかし、いまひとつの要件である信号の三項関係は、物化反応ではないため、自然科学によっては、語ることができない。つまり【感じた世界】が、〈キミ〉や〈ボク〉などそれぞれの認識主体・世界解釈態にどんな世界としてあらわれるかということは、物理や化学のような自然科学によっては、明らかにできないのである。

【感じた世界】は個別の認識主体への独自のあらわれであり、他者はその個別世界を〈カンジ〉ることができない。したがって他者は、それがどのような世界か、想像することさえできないのだ。〈キミ〉は〈トンボ〉や〈クモ〉に何らかの世界があらわれていることは想像できても、どのような世界があらわれているのか、世界の中身を感じることはできないということなのだ。

つまり、宇宙内を伝播してきた体外信号が様々な動物にもたらす【感じた世界】は、すべて異なるし、同種の動物であっても、たとえばオスとメスでは異なるし、同じ人間であっても、ヒトによって異なるのは当然であることを、〈キミ〉はわきまえておく必要があるのだ。自分にあらわれた【感じた世界】は、自分以外の誰も〈カンジ〉ることができず、自分以外の他者が〈カンジ〉た世界を、〈自分〉が感じることができないのは、当然なのである。つまりいま流行の、アルゴリズムに基づいた一律の解を得ようとする方法論は、三項の関係によってなる【感じた世界】には通用しないのである（他我問題）。

ユヴァル・ノア・ハラリはベストトセラー著書『ホモ・デウス㊦』の最後（245ページ）で「生き物はアルゴリズムであり、生命はデータ処理であるという教義」を結論付けた。しかしそうは言いながら次のページの最終で3つの重要な問いのひとつとして、「生き物は本当にアルゴリズムにすぎないのか？　そして、生命は本当にデータ処理にすぎないのか？」あらためて読者に問いかける。この3つの問いが否定された時、またはある程度までしか肯定されなかった時、ノア・ハラリは「我々はどう生きるのか」あらためて考えなければならなくなるだろう。本書は【感じた世界】を生きる場合には、アルゴリズムを否定する。そして【記号の世界】については、ある程度アルゴリズムで処理できるが、それが今問題になっているＡＩ問題の根元の問題となると考えるのである。つまりハラリのアルゴリズム論は誤りとするのである。

五感世界のあらわれにおける、記憶信号の役割について述べておく。ここで記憶とは、認識主体〈キミ〉が記憶した【感じた世界】の記憶を言う。【感じた世界】は、そのつどあらわれては消える泡沫《うたかた》世界であるが、なかには消えることなく、認識主体〈キミ〉に記憶されるものがある。たとえば亡くなった父母の面影とか、旅行した時に印象に残った光景などである。これを「感じた記憶」とする。

【感じた世界】の中でも特に五感世界のあらわれにおいては、「感じた記憶」が重要なはたらきをする。「知覚の再認」即ち五感世界としてあらわれた世界が、以前あらわれた世界と同じであるか、あるいはどこか異なった所があるか判断するのは、この「感じた記憶」のはたらきによる。これがなければ、以前の経験が反映されないから、同じ場所における過去から現在への五感世界の変化を、判別することができないのである。これは一般には知覚の再認問題といわれる。

具体的に考える。机の上に赤いバラが見え、バラの香りが漂っている部屋に「キミ」が入る。体外信号の伝播反応によって、バラに反射した光は、「キミ」の目に体外信号として跳び込んできて、「キミ」の体内の諸細胞、諸組織、器官などと体内信号の生起・伝播反応を起こしながら脳に至り、脳内でも体内信号の生起・伝播反応によって信号が伝播されていく。また鼻孔を刺激したバラから発した分子も、体内信号として脳に伝わる。

しかしそれだけでは、〈キミ〉はそれが〈バラのハナ〉であり、〈バラのハナ〉が〈ニオッテ〉いるということはわからない。現況信号が脳に達すると、脳に以前から把持されてあった、バラの花の色や形や匂いの「感じた記憶」が検索され、活性化反応が生起する。記憶が活性化すると、バラの花から発した現況信号と、脳内に把持された以前体験したバラの花の形や色や匂いの記憶があいまって、バラの花の〈ミエ〉と〈ニオイ〉が〈キミ〉に五感世界としてあらわれることとなるのである。

「観察の理論負荷性」という科学哲学上の概念がある。観察という行為が有効に成立するには、背景に理論が必要とされ、観察は結局既存の理論に依存せざるを得ないと考えたＮ・Ｒ・ハンソンによって提唱された。

一般論として見ると、五感世界は常に「感じた記憶」に依存しており、それがないと五感世界が成り立たないのは、前述した通りである。ハンソンの「観察の理論負荷性」は、五感世界は常に【感じた記憶】に依存するということを科学哲学の立場から取り上げた特殊なケースなのである。

つまり観察の理論負荷性を一般化すると、観察という意図的な知覚は言うにおよばず、自発的にあらわれる知覚も、さらには次章で述べる【記号の世界】の創作も、すべては事前にあらかじめ把持された記憶の活性化反応に影響されるということなのである。

体感世界および情感世界の一部を除くすべての世界のあらわれには、脳内シナプスに物性態として把持された、記憶の活性化反応に基づく世界のあらわれが、必ず関与する。この関与があるところ、すべての世界は理論負荷性のもとにあらわれるのである。観察の理論負荷性は、このように一般化して考えると、理解しやすい。つまり【記号の世界】は、記号が記憶されてあるのだから当然だが、ほとんどの【感じた世界】のあらわれでも、「感じた記憶」が関与する場合には、世界はすべて理論負荷性のもとにあらわれるということになるのである。

第六節　本章の総括

「ウサギ―アヒル図」

「ルビンの盃」

第三章の最後に、【感じた世界】の総括をしておく。「ルビンの盃」という図がある。見ようによって、盃に見えたり、2人の顔が向かい合って見える図である。またウィトゲンシュタインが『哲学探究』で使った「ウサギ―アヒル図」も、見ようによってはウサギに見えたり、アヒルに見えたりする。これも、前節の最後で述べた、観察の理論負荷性の一種といえる。

これらの図が、二様に見えることを知らなければ、〈キミ〉は、前者は「盃」か「向かい合ったヒトの顔」のどちらか、後者は「ウサギ」か「アヒル」のどちらか、だけしか見えない。しかし〈キミ〉が、どちらにも見えることを知ると、どちらを見ようと思うかによって、〈サカズキ〉「として」または〈ヒトのカオ〉「として」、あるいは〈ウサギ〉「として」または〈アヒル〉「として」、見ることができる。ただし同時に両方を見ることはできない。

これは、〈ダレカ〉が〈ナニカ〉を〈ホカのナニカ〉として〈ミ〉るという、信号の三項関係を語る格好な例のひとつなのである。それとともにこれは、前節の最後で説明した、観察の理論負荷性についても語っているのだ。

以下【感じた世界】のあらわれについて、これまで述べてきた本書の見解を証拠立てるいくつかの事象を取り上げて、総括をしておく。

既述の通り、〈キミ〉に【感じた世界】があらわれる場は脳ではなく、脳から吹きだした第一章の図（17ページ）の逆円錐のなかのしかるべき〈トコロ〉である。宇宙空間に実在する「キミ」の体外や体内を経由してきた信号物性態のもとで、〈キミ〉は「キミ」の「脳」から【感じた世界】を宇宙外に吹きだして、〈キミ〉の世界を逆円錐のなかのしかるべき〈トコロ〉に、〈カンジ〉るのだ。【感じた世界】は〈イロ〉や〈オト〉や〈ニオイ〉のように、〈キミ〉が実感した〈カンジ〉であり、宇宙空間には実在しないから、当然宇宙空間にある脳には存在しないのだ。

〈キミ〉が宇宙空間にある「モノ」そのものを、宇宙空間のなかに〈ミ〉ていると〈カンジ〉るのは誤りなのである。それは、夕立のあとの空に、虹が〈ミエル〉から、虹そのものが空中にあると〈カンジ〉るのとおなじ誤りなのである。地球を取り巻く空気中には、水滴はあるが虹そのものはない。〈キミ〉は、宇宙から吹きだした〈キミ〉の【感じた世界】のなかに、空の色や虹の色を〈カンジ〉るのである。虹以外のすべての〈モノ〉も、宇宙空間の「ドコカ」にではなく、宇宙外の〈キミ〉の【感じた世界】の〈ドコカ〉に〈カンジ〉るのである。これを理解しておかないと、多くの哲学者が陥ったように、〈キミ〉は【感じた世界】の〈ミ〉えを見誤ってしまう。

「キミ」が空を見上げると、かなたの〈アソコ〉に星が〈ミ〉える。肉眼で見えるもっとも遠くの星は、地球から1万6000光年離れたカシオペア座V762ではないかと言われている。1万6000年前にV762から発した光が、「イマ」「キミ」の「メ」に到達して、その星の1万6000年前の輝きが、〈キミ〉の逆円錐の【感じた世界】に吹きだして〈ミ〉えているのだ。ちなみに光は月からは約1秒、太陽からは約8分で地球に到達する。

この1万6000年の間に、その星が超新星爆発を起こして雲散霧消していても、〈キミ〉をはじめとする地球に生きるヒトは、宇宙空間の「イマ」「ソコ」で、宇宙空間の1万6000年前に発したその星の光を、各人にとっての宇宙外の逆円錐の〈アソコ〉に〈ミ〉ているのである。したがってもし超新星爆発が1万年前に起きたとしても、その光が地球にこなくなるまで1万年待たなければ、その爆発による星の消滅を、〈キミ〉は〈カンジ〉ることができない。そのときがくるまで、〈ヒト〉は「イマ」はないその星を逆円錐の〈アソコ〉に観察し続けるのだ。
〈キミ〉が〈ミ〉るその星は、実際に宇宙に実在する1万6000光年先という宇宙空間の距離を隔てた実際の「アソコ」よりは、ずっと近くに〈カンジ〉ると思う。ここでよく間違えるのは、世界として〈カンジ〉る逆円錐の【感じた世界】の〈アソコ〉と円形の【記号の世界】のなかに計算されて記される、実際の宇宙空間内の「アソコ」までの距離とを、比較する間違いである。

【感じた世界】と実際の宇宙はまったく相を異にするから、両方を比較することはできない。ヒトがなにかの「モノ」を、宇宙内の実在するところに〈ミ〉て取る、ということも、〈ミ〉えるところに、その「モノ」が実在するということも、どちらも間違いなのである。〈ミ〉て取るのは宇宙外の〈カンジ〉たところであり、実在するのは宇宙内の〈ミ〉えないところなのだから。

〈キミ〉に雷の稲光りが〈ミエ〉たとする。それから10秒ほどして雷鳴が〈キコエ〉たら、その時には雷は4キロメートルほど離れた「アソコ」に10秒前に既に落ちている。しかし〈キミ〉の実感では、音を聞いた瞬間に〈イマ〉〈スグソコ〉に落ちたように〈カンジ〉、恐怖で身が竦《すく》むと思う。聞こえたときには、もうとっくに落ちているのは、見えなくなるまではまだ宇宙にあると思わせるV762とは真逆のように思われるが、すでに1万年も前に起きた超新星爆発を、それを知らないで〈キミ〉が「イマ」そこに見えるものとして観察しているという意味では、10秒前に落ちてしまった雷の音を、〈キミ〉が「イマ」「ソコ」に聞いているのと同じく、信号が「キミ」に届くまでの時間差を、あらわしているのである。

眼の前から遠方に向かう道路や線路は、宇宙空間における幅は同じなのに、【感じた世界】では先細りに〈ミエ〉、すこし登り坂に〈ミエ〉る。〈ココ〉の線路の幅と〈ソコ〉の幅と〈アソコ〉の幅が異なって、さらに少し登り坂に〈ミエ〉るはずだ。もちろん〈キミ〉は道路や線路の幅が遠くに行くほど狭く〈カンジ〉ても、宇宙内で行為するに際しては、それらが平行であり、平坦であることを知っており、それを前提に行動する。〈カンジ〉を〈イミ・カチ〉として捉えるのに際し、観察と実際の位置の誤差を修正したうえで、【世界の実践】すなわち宇宙空間での実践行為がなされるのである。

味覚や触覚や体感は、宇宙空間には存在しないが、身体のすぐ近くに吹きだす一方、月や太陽や星は、逆円錐の上方遠くに〈ミエ〉る。【感じた世界】を逆円錐状に宇宙外に吹きださせたのは、各人の宇宙空間における位置を原点として、その〈カンジ〉の遠近を図上にあらわそうとした工夫なのである（次章第三節図1、93ページ参照）。

ここで話を変える。

〈キミ〉は外の景色が霧によってだんだん見えなくなっていく情況に身を置かれると、幻想的な気分になったり、グルーミーな気分になったり、1人で登山をしていて道に迷ったときなどは恐怖感に襲われたりする。

そのようなときに湧き上がってくる、その場その場に応じた気分を風情とすると、その風情は〈キミ〉の心の中のできごとなのか、それとも外部の景色のほうにその風情が属するのかについて、かつて大森荘蔵が論じたことがある（『時間と自我』青土社「風情と感情」235〜266ページ）。

大森は冒頭の数行で、「絵画や音楽、それに詩歌の美的認識の基礎にある『風情』と呼ぶものから感情を眺める」と、「感情とは認識の一形態である、という一見信じがたいような結論が引き出される」とする。そして「神々しい崇高さとか伸びやかな寂寥とかの風情は、風景その物に接着してそこにあり、」「月夜の雪山の崇高な風情は、その山の形や雪の白と分離不可能な形で知覚される」と記す。それらの風情は〈キミ〉の心の中ではなく、「風景の側に帰すべきもの」としたのだ。これこそ心の外すなわち外界に風景があるとする、典型的な誤りなのである。

本書の主張はこれまで縷々《るる》述べてきた。風情のような情感世界は、他の【感じた世界】と同様、「キミ」から宇宙外に吹きだして広がった、〈キミ〉の【感じた世界】の〈カンジ〉と〈イミ・カチ〉なのである。感動も感情も知覚も風景も、すべてが【感じた世界】として宇宙外の逆円錐のなかに広がっている体感世界、情感世界または五感世界なのである。大森が風情も認識であり、それは本書で言う【感じた世界】を認識したものであると言うなら、まさにその通りなのだが、その際風情を「心の中」ではなく「風景の側」に帰すべきものと、心と風景を別にしたのは誤りなのである。大森は〈ココロ〉と脳を一体としてしまったため、【感じた世界】にあらわれた風情を、〈ココロ〉（脳）の外、すなわち外界の風景とせざるを得なくなってしまったのだ。本書は、大森の言う「風景の側」も「心の中」の風景で、「心の外」には、脳を含めた暗黒の宇宙空間しかないことは既に述べた。

つまりここで言う「心の中」は「頭の中」ではなく、頭から吹きだして宇宙外に広がった「心の中」であるということを押さえておかなければならないのだ。逆円錐が〈ココロ〉であり、宇宙空間にある頭は、逆円錐状の〈ココロ〉を吹き出させる脳という宇宙内の物性態なのである。

何度も言う通り「心の外」や「外界」はあるはずがなく、〈ココロ〉のなか以外にあるのは、「キミ」の体も含めた宇宙空間だけなのである。宇宙は真っ暗な洞窟で、宇宙には風景や風情はないから、それらは〈ココロ〉のなかにしかありえない。〈キミ〉にとって、〈キミ〉にあらわれた世界の内側は、風船のように大きくなったり小さくなったり、睡眠中はしぼんでいたりする。それが〈ココロ〉で、その〈ココロ〉のなかに〈キミ〉の世界があらわれ、〈ココロ〉の外には、ただ〈ココロ〉と世界を吹きだした「カラダ」（この場合は脳）が、宇宙空間に実在しているだけなのだ（第一章の図、17ページ参照のこと）。くどいことは承知で繰り返しておく。

「キミ」は【感じた世界】のもとに、暗黒の宇宙空間に向けて【世界の実践】を為す。それは幻想的な世界をもとにした【世界の実践】であったり、グルーミーなあるいは恐怖感に襲われた【感じた世界】に基づく【世界の実践】であったりする。〈キミ〉はそのつどあらわれる【感じた世界】のもとで、宇宙空間に向けて【世界の実践】を為すというのが本書の主張である。詳しくは第五章で述べる。

〈キミ〉は【感じた世界】を〈カンジ〉、【記号の世界】を「語る」ことによってあらわれた、ただそれだけの世界をもとに、宇宙に向けた【世界の実践】を為すのだから、風情も感情も体感も大森の言う知覚の一部も、ただ【感じた世界】に〈カンジ〉るだけだし、それを写生世界化した、たとえば俳句は、【記号の世界】のなかに記述されるだけなのである。科学や文学や政治や経済、そして愛や憎しみも、考えたりそれを語ったりするときにあらわれる場所は、【記号の世界】の円のなかなのである。次章で省察する。

大森は「感情とは認識の一形態である」ことは「一見信じがたいような結論である」としたが、これは信じがたい結論ではなく、まったくその通りの結論なのだ。情感世界（風情）は【感じた世界】の認識の一形態であり、それを記述した写生世界も、【記号の世界】の認識の一形態であると結論づければ、疑念は一切生じないのである。

つまり〈キミ〉に〈ミエ〉たり〈キコエ〉たり、〈キミ〉が〈イタイ〉と〈カンジ〉たり、【感じた世界】のあらわれは、世界解釈態〈キミ〉にとっては常に真の世界である。【感じた世界】には、真でない世界、すなわち偽の世界や真偽不明の世界はありえない。〈カナシイ〉と〈カンジ〉たり、ヒトに〈ウラミ〉を〈カンジ〉たりするとき、それらは世界があらわれたその時点では、すべて〈キミ〉にとって真の世界なのである。すべてが真だから、【感じた世界】について、あえて真偽を問う必要はないのである。

ということは、それ以前にあらわれた世界は実は真ではなかったということがある。たとえば観光船に乗って、「カモメ」に海老せんべいを投げ与えると、多くの「カモメ」が寄ってくる。〈カモメ〉の【感じた世界】には、海老せんべいが食べられる〈カンジ〉と〈イミ・カチ〉としてあらわれたからである。それは〈カモメ〉にとっては、常に真である〈カンジ〉と〈イミ・カチ〉の世界なのだ。

海老せんべいにまぜてタバコの吸殻や小さな貝殻を投げ与えると、「カモメ」は食べられると〈カンジ〉て、いったんはそれらに向かってくる。しかし食べられないと見分けると、すぐに行為をやめて、次の海老せんべいに狙いを向けることとなる。「カモメ」が最後まで行為を続けるのは食べられる海老せんべいに限られ、吸殻や貝殻に対しては、途中で行為を中断する。〈カモメ〉にとって、はじめに食べられる〈ナニカ〉としてあらわれた吸殻は、すぐに食べられない〈ナニカ〉になり、はじめの〈カンジ〉は誤りだったことになる。

しかし【感じた世界】には過去がないから、〈カモメ〉はそれが誤りであったという認識をもたない。誤りの世界は、【記号の世界】を創作してその世界の真偽を判定することによってはじめてあらわれるのである。したがって誤りの世界、すなわち世界を否定する世界は、【記号の世界】を制作することができる〈ヒト〉にしかないのである。

上記の場合、〈カモメ〉にとって食物としてあらわれなくなった世界は、ただちに切り捨てられ、忘れ去られて、食物だけが世界として残り、行為が完遂される。「カモメ」は吸殻や貝殻といった記号（言葉）の記憶を持たないから、せいぜいのところそれを「感じた記憶」として記憶し、もしその記憶が有効に作用すれば、次回に貝殻や吸殻が視界に跳び込んでも、最初からそれを食べられる〈カンジ〉として捉えずに、無視するだけなのである。

ここまで述べてきたように、【感じた世界】には、偽や否定はない。たとえば〈ネコガイナイ〉世界、〈ネコガイルカドウカウタガウ〉世界、〈ネコガイルトウソヲツク〉世界などは、【感じた世界】にはないのである。

多くの哲学者は、知覚される〈モノ〉や〈コト〉は、宇宙空間のその「モノ」や「コト」が実在する場所に知覚されると考えて、その説明に苦しんできた。本書は、先にふれたように、知覚されるのは宇宙内に実在する「モノ」そのものではなく、それぞれの認識主体にあらわれている宇宙の外にあらわれる〈カンジ〉と〈イミ・カチ〉とした。それはデカルトやロックの言う観念であり、カントの言う表象や現象であり、フッサールの言う現象にあたる。

知覚される〈モノ〉や〈コト〉の存在する〈トコロ〉を、宇宙内に実在する「トコロ」と重ね合わせようとしたほとんどの哲学者は、誤りを犯したのである。デカルトやロックやカントやフッサールやウィトゲンシュタインも、ある場面においては宇宙に実在する「モノ」や「コト」と、世界にあらわれる〈モノ〉や〈コト〉との関係を、正しく捉えていなかったのではないかと、思わされるところがある。

本書は、一般に「感覚」や「知覚」といわれる【感じた世界】と【記号の世界】のひとつである「写生世界」を明確に区分した。その結果、【感じた世界】には「モノ」性や「コト」性がないことを、主張できることになったのだ。【感じた世界】では〈カンジ〉と〈イミ・カチ〉性だけが、それも宇宙内にではなく、宇宙から宇宙外に吹きだして、それぞれの生命体の〈ココロ〉に広がってあらわれることになったのである〔第一章の図（17ページ）を参照のこと〕。

これまでの哲学は【感じた世界】を【記号の世界】のなかの写生世界と一緒にして、感覚と言ったり知覚と言ったりした。つまり【感じた世界】と「写生世界」を一体として扱ってしまったために、本書が主張してきたことを、このように区分して明解に語ることができなかったのだ。

【感じた世界】における「モノ」「コト」性の意味のなさは、ヒトのように記号によって写生世界を作成することのない、〈トリ〉や〈ムシ〉の世界を考えれば、簡単に了解できる。〈トリ〉や〈ムシ〉は、自分にあらわれる世界を〈カンジ〉ながら、宇宙空間に向けて【世界の実践】を為し、宇宙空間に実在する「モノ」自体や「コト」自体のことなどは一切頓着することなく、常に現在形ですべてを捉えて宇宙空間に「命」を生きているのである。前述したカモメの例はそれを物語っているのだ。

第四章　【記号の世界】

第一節　【記号の世界】とはどのような世界か

本章は、第三章の【感じた世界】に引き続き、【記号の世界】について論じる。【記号の世界】の中心を為すのは言葉である。誰もが賛同すると思うが、言葉によってなる世界はヒトにとって決定的に重要な世界である。

ヒトは言葉や数字や記号や符号を操作して、過去を想起し、未来を想像し、他者と会話をし、文章を書き、他者の書いた小説や論文を読み、数学や科学を勉強し、絵を描き、音楽を楽しむ。また【感じた世界】にあらわれた〈ケシキ〉や〈オト〉や〈アジ〉や〈ニオイ〉、〈ヨロコビ〉や〈カナシミ〉や〈イカリ〉や〈シット〉、腹の〈イタミ〉や〈クウフク〉を、記号を用いて活写し、他者に向けて「写生世界」を開陳する。

要するに〈キミ〉が記号を操作してあらわにするすべての世界が、【記号の世界】なのだ。

この世界こそ文明や文化のもととなり、ヒトが他の生命体に対して絶対的優位を獲得することとなった、ヒトに固有の世界なのである。

【記号の世界】は、「キミ」の神経細胞に把持されている記号や記憶を操作することによって制作される。たとえば〈キミ〉は「宇宙の果て」という一言によって、一瞬のうちに宇宙の限界を語る【記号の世界】を表出することができる。〈キミ〉が語るその世界は、必ずしも現実の宇宙を正確に描述する必要はないから、宇宙の果てについて自分が思ったことをなんでも語ってよいのだ。

たとえば〈キミ〉は、宇宙は我々が実在するこの宇宙の他にも無数にあるとして、それらの宇宙について語ることができる。最新の天体物理学においては、現にそのような議論がなされている。「キミ」が脳内に把持する記号記憶を活性化させて創作する世界だから、どんな宇宙を何個制作しようと、誰にも文句を言われる筋合いはないのである。

〈キミ〉が【記号の世界】を制作して、昔京都の鴨川に行ったときのことを想起すると、〈キミ〉には、昔訪れた鴨川の風物や、その時同行した人が思い出されてくる。それは〈キミ〉が昔体験した【感じた世界】が記憶されていて、鴨川の想起にあわせて「イマ」の〈キミ〉にそれが忽然《こつぜん》とあらわれたのである。

与謝蕪村の「菜の花や月は東に日は西に」の句が〈キミ〉の〈ココロ〉に翻訳世界としてあらわれると、あたり一面に絨毯のように敷き詰められた菜の花が、西にまだ残る夕日に照らされて風に揺れており、振り返ると東からは、まん丸の満月が群青の空に徐々に浮かび上がってくるという、春ののびやかな、しかも広々とした天空と地上の光景が、〈キミ〉の「感じた記憶」に基づく世界として、「キミ」の脳から宇宙外に吹きだす。

俳句は17文字をもって創られる。そこから〈キミ〉に立ちあらわれる興趣は、蕪村の句のもと〈キミ〉がその句の翻訳世界を作成し、その翻訳世界の併表象《へいひょうしょう》として、〈キミ〉が以前どこか別々の場で見た満月や、夕日が沈む情景や、黄一色の菜の花畑などの「感じた記憶」が操作されて、〈キミ〉にあらわれるのである。したがって句の味わいは、鑑賞者ごとに異なるのがふつうである。しかしどこかで相通ずる心象風景が共有されて、そこから蕪村の句に関しての、各人各様の鑑賞に、関心がおよぶこととなるのである。


唐突だがここで、量子物理学者のニールス・ボーアが語った【記号の世界】に関する示唆的なコメントを引用しておきたい。量子力学の創始者の1人であるニールス・ボーアは、友人との個人的な会話のなかで次のように語ったのである。

「量子的世界というものは存在していません。抽象的な物理的記述が存在しているにすぎません。物理学のなすべき仕事は、自然界がどのように存在しているのか見つけ出すことと考えるのは間違っています。物理学にとって重要なのは、自然界について何を語ることができるか、なのです。」と（J・C・ポーキングホーン著『量子力学の考え方』２０８ページ、講談社BLUE BACKS　１９９５年11月24日発行。＊傍点筆者、原訳「述べる」を「語る」に変更）。

一言付け加えておく。ボーアは、「宇宙にはヒトが量子と名づけた何物かが実在する」と確信していたはずである。そのうえで「量子は宇宙に実在するが、ヒトがそれ自体を認識することは不可能なのである。ヒトはどう頑張っても、【記号の世界】のなかに数式や文章を吹きだして、量子について物理的な記述をすることまでしかできない」。したがって「(量子的宇宙は実在するが）量子的世界というものは存在していません」と語ったのだ。つまり量子的世界は文字や式にすぎないと言っているのである。

これは量子力学だけでなく、物理学を含めた自然学すべて、すなわち宇宙全体の語りについても言えるのである。ボーアは「自然学は、【記号の世界】を制作して、自然界の姿を、それぞれのヒトの【記号の世界】のなかに語り出す（吹きだす）ことしかできない」と言いたかったのだ。

カントは「モノ自体は不可知である」と言い、ウィトゲンシュタインは「語り得ぬことは沈黙しなければならぬ」と言ったが、ヒトはあたえられた言葉や記号をもって、自分なりの宇宙像を語ることができるだけで、それはヒトが創り出した、宇宙像なのである。次節では【記号の世界】のあらわれ方を論じ、続いて「写生世界」「創作世界」「翻訳世界」の順に、具体的に語っていくこととする。

第二節　【記号の世界】はどのようにしてあらわれるのか

〈キミ〉に【記号の世界】すなわち、写生世界、創作世界、翻訳世界の3世界があらわれるためには、「キミ」の神経細胞に把持された「記号記憶」が活性化されなければならない。「記号記憶」とは、単語や数字や数式や図や音符などの記号によってなる記憶を言う。

「キミ」の脳内に140億個あるとも言われている神経細胞には、多くの「記号の記憶」が把持されている。〈キミ〉がその「記号記憶」を活性化させて操作すると、言葉や数式などの連鎖によってなる、【記号の世界】があらわれるのである。

脳内で活性化された〈キミ〉の記号記憶は、物化反応によって脳内を伝播していく。そしてある段階に達すると、物性態「キミ」が①認識主体・世界解釈態〈キミ〉に転成し、同時に②記号記憶の連鎖が、認識与件・記号物性態に転成し、③認識内容・【記号の世界】が発現する。そこにあらわれる世界の中身は【感じた世界】とは異なり、文字や式や図である。しかし世界のあらわれのプロセスは、第三章第二節で述べた【感じた世界】のあらわれと同じである。

【記号の世界】として宇宙外に吹きだすのは、「会話」や「文章」や「数式」などを構成する記号の〈シルシ〉と〈イミ〉〈カチ〉の連鎖である。「キミ」の神経細胞のシナプスに把持された「記号記憶」が活性化し、それが連なってあらわれるのが、その世界である。

仮に【記号の世界】が宇宙から宇宙の外へ吹きださないで、そのまま宇宙空間にあらわれるとすると、架空の存在も宇宙空間に実在することになってしまう。宇宙と世界を同一の相のもとに置いてしまった多くの哲学者は、この奇妙さをカバーするために、やむなく「外界」という怪しげな言葉を作りだして、この不都合を糊塗しようとした。前にも触れたが、そもそも世界の外に、外界があるとするのは誤りなのである。第一章の図（17ページ）の通り、世界は「キミ」の脳から、風船のように〈ココロ〉が吹きだし、その〈ココロ〉のなかに世界があらわれるのだ。

ヒトの活動のなかで、本書が特に注目するのは、ヒトが言葉をはじめとする記号や、「感じた記憶」を脳内で操作して、宇宙外に【記号の世界】と、それによって喚起される併表象としての【感じた記憶】を吹きだす活動である。それは第一章の図（17ページ）では、脳から吹きだした円であらわされていた。円のなかには〈ボク〉や〈キミ〉や〈タニン〉がそのつど制作して発話する、言葉や数や式や図や絵が、あらわれてくる。これはデカルトの「我考える」の「考える」や、カントの「悟性」「理性」や、ウィトゲンシュタインが「世界の限界」を明らかにするとした、「思考」によってあらわにされるのである。本書はそれらを【記号の世界】とした。【記号の世界】とは、脳から吹きだして宇宙の外にあらわれる〈シルシ〉と〈イミ・カチ〉である。〈シルシ〉も〈イミ・カチ〉も物性がないから、宇宙には存在しない。記号や記憶の三項関係によって、脳から宇宙の外に吹きだしてあらわれるのである。

〈キミ〉に【記号の世界】があらわれるには、まず「キミ」の脳内のシナプスに、言葉をはじめとする諸記号や諸記憶が、物性態として把持されていなければならない。脳内のシナプスに把持された「モノ」としての記号や記憶は、三項関係がはじまるまでは、【感じた世界】と同様、単なる物化反応として脳内を伝播していくだけである。

重要なのは、そのあとで記号・記憶の三項関係がはじまることである。この三項関係も、信号の三項関係と同様、物化反応とは異質の作用・反応である。これによって【記号の世界】は、第一章の図（17ページ）のように宇宙外の円内に〈シルシ〉と〈イミ・カチ〉となって吹きだすのである。くり返しになるが、記号の三項関係は、信号の三項関係と並び立ち①認識主体・世界解釈態〈キミ〉と、②認識与件・記号記憶物性態と、③認識内容・【記号の世界】の三項の関係によってなる。そして③の【記号の世界】が、宇宙の外に〈シルシ〉と〈イミ・カチ〉として吹きだすのである。

よく言われる、思考は脳で行われ、思考内容は脳内にあらわれるという説明は、前半は正しいが、後半は誤りである。【記号の世界】も、【感じた世界】と同様、脳内で物化反応の終着点にまで達するが、そこから先は、記号の三項関係のもと、脳内にではなく、脳から吹きだした〈ココロ〉に、世界としてあらわれるのである。

第三節　写生世界

写生世界とは、〈キミ〉にあらわれた【感じた世界】を、〈キミ〉が記号を操作して【記号の世界】化した世界を言う。〈キミ〉の【感じた世界】は、そのままでは〈タニン〉に伝わらないが、それを【記号の世界】化すれば、〈キミ〉が〈タニン〉と会話を交わすことで、両者の世界の交感が可能になるのである。

これについて次の図1によって説明する。図1は第一章の図（17ページ）の左端の〈ボク〉の【感じた世界】およびそれを写生化した【記号の世界】のなかの「写生世界」を拡大して左と右の「吹きだし」に描いたものである。

今は昔、20年以上も前に、筆者が書斎でぼんやりと考えごとをしていたとき、第一章の17ページの図が突然脳裏にひらめいた。図1の左の逆円錐のなかは、その時筆者にあらわれていた書斎の情景を、〈ナ（名）〉だけ取り出して書き入れた図である。それは〈ツクエ〉の上に〈ホン〉と〈ペン〉と〈パソコン〉と〈コーヒーカップ〉が〈ミエ〉、窓の外には庭の〈キ〉が

宇宙空間とそこから吹きだした〈ボク〉の写生世界の図

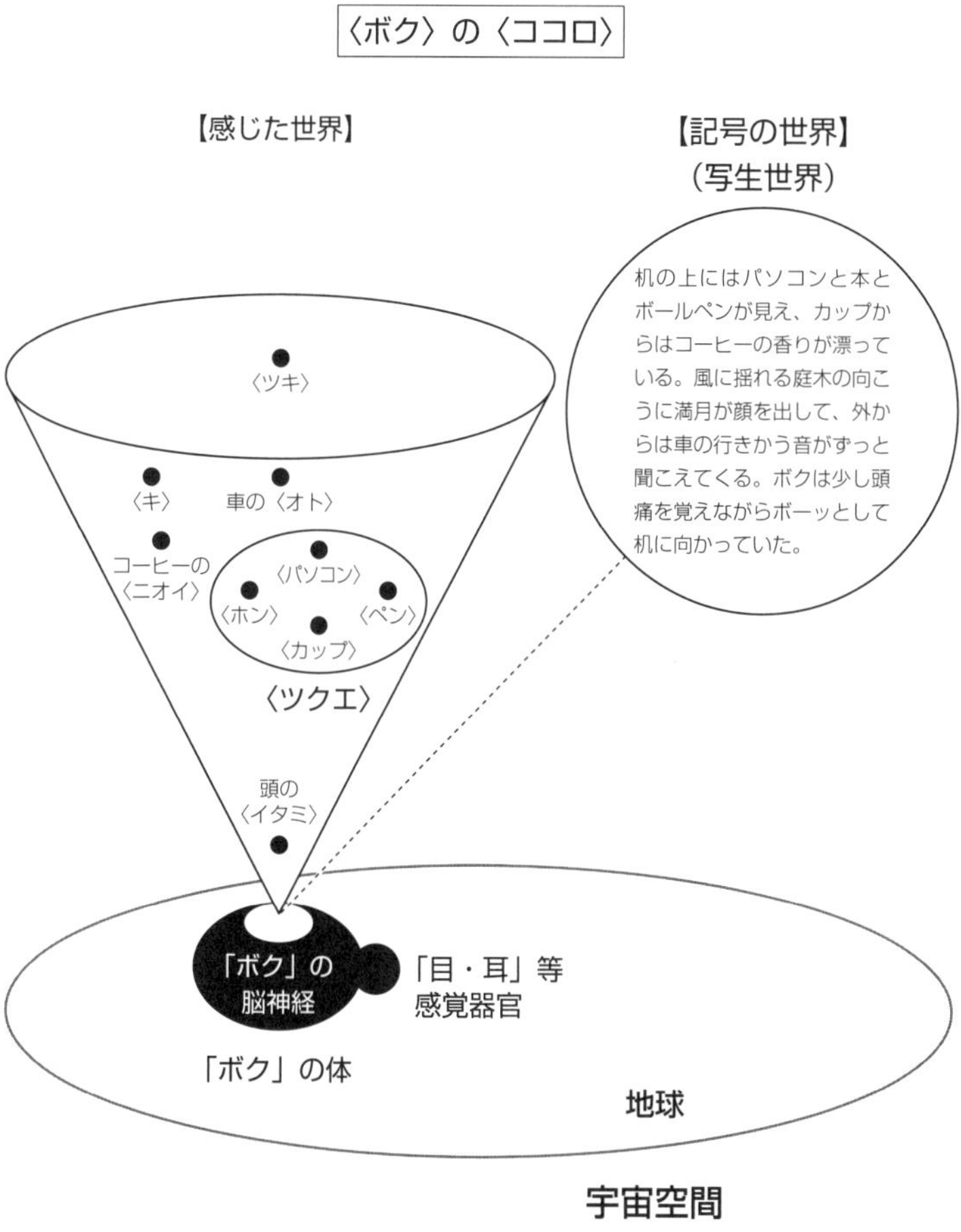

図1

〈ミ〉え、通りからは車の往来の音が〈キコエ〉てくる。垣根越し遠くには〈ツキ〉が〈ミ〉えている、という筆者にそのときにあらわれていた【感じた世界】であった。筆者は疲れてちょっと頭痛を〈カンジ〉、漂うコーヒーの〈ニオイ〉を〈カ〉ぎながら、〈ボーッ〉とした気分のもとただ机に向かっていたのである。

その時あらわれたのが、何度も引用してきた17ページの図だった。この図があらわれた時、筆者は「ソウカ、ソウイウコトナンダ!!」と快哉の叫びをあげたことを、昨日のことのように覚えている。その時の図がもとになって、それから20年以上も本書の原稿を書き続けてきたのだ。

それはともかく、その時〈ボク〉にあらわれていた【感じた世界】がこの図1の左側の五感世界、情感世界、体感世界をあわせた世界だった。その【感じた世界】のなかにあらわれた、机、本、ペン、頭の痛みなどを、記号（言葉）を使って写生世界化した文章が、右側の【記号の世界】のなかに書かれている。その写生世界の記述は、次の通りとなる。

「机の上にはパソコンと本とボールペンが見え、カップからはコーヒーの香りが漂っている。風に揺れる庭木の向こうに満月が顔を出して、外からは車の行きかう音がずっと聞こえてくる。ボクは、少し頭痛を覚えながら、ボーッとして机に向かっていた」

正岡子規は「写生主義」を主唱し、明治の俳壇や歌壇や文壇に強い影響を与えた。子規は、写生とは実際の情景をありのままに文章にすることを本意としながらも、そこでは当然取捨選択がなされることを「面白きところをとりて、つまらぬところを捨つることにして、必ずしも大をとり、小を捨て、長をとりて、短を捨つることにあらず」と言った。

写生とは、客観的な事態の重要性、重大性や、事象の良い点、悪い点に基づいて取捨選択がなされるのではなく、世界の制作者が面白いと思ったところを言葉によって写生し、つまらぬところは当然捨てられる、としたのである。あらわれた【感じた世界】をすべて写生することなど、所詮不可能だ。だから写生世界は、作者が面白いと思った〈カンジ〉をもとに、制作されるのである。

〈キミ〉が「赤いりんごがひとつ見える」と〈ボク〉に言う時、その写生世界は〈キミ〉に赤いりんごが見えていることをあらわしているだけで、【感じた世界】では当然の前提になっている、〈キミ〉が〈カンジ〉ているその場の、〈キミ〉の感情も含めた種々の状況は、一切明らかにされない。

さらに写生世界から一歩踏み込んで、「赤いりんごがひとつある」と「キミ」が発話すると、

〈キミ〉にりんごが〈ミ〉えているという関係もなくなり、宇宙空間に「赤いりんご」が1つだけある、とも捉えられることになる。

文章でなく実際に絵を描いている場面を思うと、コトは一層はっきりしてくる。〈キミ〉はテーブルの上にある「1つ」の「赤い」「りんご」を〈キミ〉とのかかわりのもとで絵にしているが、キャンバスの上にはそのかかわりは一切あらわされない。

キャンバスには「赤い」「りんご」が「1つ」、あたかもそれら「そのもの」として永遠の相のもとに存在しているように写生され、〈キミ〉が「りんご」を見て描いている様子や、〈キミ〉の視線は描かれないし、その絵の作者が「キミ」であることは、絵の中に落款やサインをして、はじめて表明されるのだ。「キミ」はその絵の作者として、その時はじめて表舞台に登場することになるのである。

【感じた世界】を写生世界化して他人に伝えることには、大きな効用がある。〈キミ〉にいまあらわれている【感じた世界】または写生世界と、〈タニン〉の写生世界、またはそのもととなっている【感じた世界】とは、それぞれが制作した写生世界を、翻訳世界の制作を通じて互いに交感することによって、照合することができる。これにより〈キミ〉と〈タニン〉は【感じた世界】をある程度は共有することができ、同時に双方にあらわれた世界の違いもあきらかになる。

【感じた世界】は当人にしかあらわれず、それを外部に直接表出することができないから、それぞれの【感じた世界】そのものは、お互いに比べることができないが、【感じた世界】が写生世界化されると、世界を交感して、互いの写生世界を比較することが可能となるのだ。またそれぞれの世界に、否定語や選言、連言、条件語などの論理語を組み入れることが可能となり、文意をはっきりさせて、世界の論理展開をはかることも可能となる。

たとえば〈ツクエノウエニバラガミエル〉という五感世界があらわれたとする。これはただそれだけの世界で、それ以上でも以下でもない。そこには〈ツクエノウエニバラハミエナイ〉という世界はない。薔薇をどこかに移せば、ただ〈ツクエガミエル〉だけの五感世界になってしまう。これに対して、「机の上に薔薇がみえる」という写生世界を制作すれば、それはすぐに「机の上に薔薇は見えない」という否定や「ソコには花瓶と薔薇がある」という連言や「机の上にはイマまで薔薇があったがいまはもうない」や「薔薇はあるがコスモスはない」といった創作世界が、制作可能となる。

世界の論理展開とは、このように【記号の世界】の制作と論理語の操作により、世界を論理的に展開させていくことを言う。【感じた世界】を【記号の世界】化した上で、それを論理展開することは、観測文を作成して、それと科学理論との関係を確かめるといったような科学の思考や実験をはじめ、【記号の世界】全体の論理展開の可能領域に、広がりが得られることになる。

写生世界の制作により、より鮮明な〈ジッカン〉が得られることがある。たとえば俳句や短歌を作る場合、【感じた世界】を写生世界化するが、言葉を捜しているうちはその〈カンジ〉た世界全体がいまひとつ鮮明度を欠いていたのに、しかるべき記号が所を得てぴたりとはまると、とたんに活き活きとした世界があらわれてくるのは、詩人や俳人だけではなく万人がよく経験するところである。

【感じた世界】があらわれたときに写生世界を作成しておけば、後々顧みて想起の創作世界を作成しようとする場合に、よりたしかな創作世界を作成することができる。特に文章化されて残っている場合は、それは大きな助けとなる。

写生世界は【感じた世界】と異なり、創作世界、翻訳世界と極めて近い関係にある。いずれも記号によってなる世界だから当然である。

たとえば〈アソコニアレガミエル〉という五感の世界から「富士山に雪が見える」という写生世界が制作されることによって、「去年もたしかいま頃から雪が見えだした」という過去に関する創作世界（想起）や、「今年も昨年と同じ頃に、ふもとに初雪がくるでしょう」というテレビ報道の長期天気予報から作成した、〈キミ〉の翻訳世界と共働することが可能となり、天候についての、ひいては冬支度についての心構えができることになる。ただ〈アソコニアレガミエル〉だけでは、いまあらわれた【感じた世界】というだけだから、過去の世界や未来の世界、また他人の世界と、スムーズな共働をはかることができないのである。それは〈トリ〉や〈ムシ〉が【感じた世界】だけに生きている不便さを考えればよくわかる。

写生世界のあらわれの始動因は、【感じた世界】である。あらわれた【感じた世界】に該当する信号物性態のもととなった物性態は、体内信号として脳内に残存しているから、いまあらわれている【感じた世界】から写生世界を作成しようとすると、その【感じた世界】をあらわにした体内信号が、〈キミ〉の脳内のシナプスに把持された記号記憶の信号物性態を活性化させなければならない。そして〈キミ〉の脳内の随所で活性化した記号記憶信号は、次々と伝播反応を繰り返し、脳内を伝播していく。

そのとき〈キミ〉の脳内には、【感じた世界】のあらわれのもとをなした現況信号および「感じた記憶信号」と、これから写生世界となってあらわれようとする「記号記憶信号」が並存する。記号記憶信号の伝播の過程のどこかで、その信号が認識与件となって、記号の三項関係が成立すると、写生世界のあらわれの準備が整い、後は①認識主体〈キミ〉と②認識与件・記号記憶物性態と③認識内容・写生世界の三項の関係による世界のあらわれを待つだけとなる。

最後に【感じた世界】および写生世界と、いま一世を風靡《ふうび》しているAIとの関係について述べておく。匂いや味や触感、色や音色のことを考えれば明らかな通り、AIはそれらのもとをなす物性態の在り方を物理的、化学的に記述することはできても、認識主体としてのAIが解釈態となって【感じた世界】の三項関係を創発させる能力は、AIにはない。AIは、信号の三項関係とは一切無縁なのである。AIには〈ネイロ〉や〈ニオイ〉や〈アジ〉や〈ハダザワリ〉の〈カンジ〉があらわれることはないから、AIが、〈カンジ〉たことを写生世界化することはあり得ない。

つまりAIが自己の【感じた世界】をもとにして、「面白きところをとりて、つまらぬところを捨てた」、独自の写生世界を制作することは不可能なのである。AIにとっての写生世界とは、しょせん多くのヒトが過去制作した写生世界をたくさん集めて、そのなかの大宗を取り出し、当たり障りのない翻訳世界を制作して、外部に表出したにすぎないのである。上述した物理的・化学的な記述にしても、だれかが以前記述したものを、どこかから剽窃《ひょうせつ》してきて、AIが制作した世界のように見せかけただけなのである。

要するにＡＩがすることとは、すべて人が過去に制作した【記号の世界】の記録の中から適当な文章を選び出し、組み合わせて、それをあたかも自分が制作したようにしてあらわにしたものなのである。ただその集めるデータ量が信じられないくらい膨大なので、どこかから取ってこられる模写された文章は、その原典は不明なるも相当信頼できるだろう、と確率的に言えるだけなのである。つまりＡＩの制作した写生世界には、本当の意味でのオリジナルな世界はなにもない。しかしオリジナルと思わせるような世界は、いくらでも作り出せるというところに、ＡＩの本質的な問題があるのである。

第四節　創作世界

創作世界とは、〈キミ〉が思考して創作した世界である。広辞苑によると、「思考」とは「①思いめぐらすこと。考え。②〔哲〕㋐広義には人間の知的作用の総称。思惟。㋑狭義には、感性や意欲の作用と区別して、概念・判断・推理の悟性的・理性的な作用を言う。知的直観をこれに加える説もある。③〔心〕㋐考えているときの心的過程。㋑ある課題の解決に関与する心的操作。」とある。

そして創作とは「①はじめてつくること。つくりはじめること。創造。②芸術的感興を文芸・絵画・音楽などの芸術作品として独創的に表現すること。③つくりごと。うそ。」とある。

本書は、思考はすべて記号（言葉など）の操作によってなされるとする。したがって上述した「思考」は、すべてヒトが記号を操作することによってあらわにされるのである。その記号の操作によってなる【記号の世界】のうち、写生世界、および次節の翻訳世界を除く世界が創作世界である。創作世界には上記広辞苑の、「思考」に基づく「創作」のすべてが当てはまる。

創作世界には、以下に述べる４種の世界がある。

（1）言語世界。言葉の操作によりなる世界である。言葉は単語からなるが、〈キミ〉がその単語を操作して創作した世界は、すべて〈キミ〉の言語世界である。

（2）式世界。数式や論理式や化学反応式その他、数字やアルファベットや、ギリシャ文字などの記号を、等号や不等号や矢印などを用いて式の形であらわにした世界である。日常使用される言語世界は、記号の多義性のゆえに、それぞれの世界の意味内容に厳密性を欠くことが多々出てくるが、式世界は、各記号の定義さえしっかりさせておけば、式が一義的に成り立ち、まぎれを避けることができる。そのため論理学や数学をはじめ諸自然科学においては、式世界が重要な役割を果たす。

（3）図世界。地図や設計図や見取り図や、タクシーを停めるときの手をあげる合図や、絵画や楽譜を書きあらわすときにあらわれる世界である。つまり視覚によって意味をあらわす世界のうち、言語世界と式世界に該当しない【記号の世界】は、すべて図世界である。

（4）音世界。聴覚に訴える世界である。言語世界、式世界を除く、聴覚によってなる【記号の世界】はすべて音世界である。

前記した【記号の世界】があらわれると同時に、むかしの【感じた世界】の「記憶」が立ちあらわれることがある。

前に書いたが「菜の花や　月は東に　日は西に」という蕪村の句を見て、それとまったく同じ景色を見たことがなくても、過去にいろいろな場で実感した〈キミ〉の【感じた世界】の「記憶」が組み合わされ、西に傾いた夕日が、群生した菜の花畑を明るく照らしている一方で、東のかたに目をやれば、もう月が昇って暮れかけた春の宵がいますぐにも夜を迎えんとするその一場の情景を、〈キミ〉が脳裏に絵画的にあらわにし、【記号の世界】としてあらわれたその句の併表象として、その情景を宇宙外に吹きだす場合がこれにあたる。

これらは、〈キミ〉が昔体験した【感じた世界】のもとで把持することとなった、「感じた記憶」が組み合わされて立ちあらわれてくるのである。したがってこの俳句と同様の景色を〈カンジ〉ながら、この句を想起するというごく稀な場合を除いては、【感じた世界】は〈イマ〉〈ソコ〉にはない。そして併表象としてあらわれたこの世界は、あらためて写生世界化、すなわち文章化するか絵画化しなければ、宇宙空間に表出して、他者に示すことはできないのである。

記号の組合せには、無意味な組合せが無数にある。「この円は三角形である」とか「ポチは果物である」のような組合せは、意味をなさない。無意味な記号の組合せは、〈キミ〉が世界を創作する際にあらかじめ排除するから、ふつうは世界としてはあらわれない。なんらかの事情によりあらわれた場合でも、創作主体〈キミ〉にとって意味をなさない世界は無意味であるから、創作世界ではない。

しかし「吾輩は猫である」のように、単純にとらえれば無意味に見える記号の組合せも、作者にとって、そして読者にとっても、意味を持つ世界であることはある。〈キミ〉が発する「彼女はボクの子猫だ」なども、今の時代にあってはその発言が穏当かどうかでは異論が生じるかもしれないが、充分有意味な創作世界ではある。

創作世界は「イマ」「ソコ」で〈キミ〉によって制作される。〈キミ〉にあらわれる創作世界は、すべて「イマ」、「ソコ」で「キミ」が認識主体〈キミ〉に転成して、制作した世界なのである。

【感じた世界】は、世界の中身も常に「イマ」「ソコ」で〈キミ〉にあらわれた、〈キミ〉の〈ソノ〉世界であるのに対し、創作世界の中身は、必ずしもそうとは限らない。

【記号の世界】の中身は、たとえば「昔々、桃太郎が、鬼ヶ島を征伐したとさ」といったおとぎ話のように、誰だかわからない〈ダレカ〉の、いつのことかわからない〈イツカ〉の、どこの世界かわからない〈ドコカ〉の世界のことがある。

〈キミ〉は、〈ヒト〉や〈トキ〉や〈トコロ〉と係わらない世界を創作することが頻繁にある。たとえば「宇宙にはダークマターとダークエネルギーがある」や「桜はバラ科の植物である」や「日本には温泉がたくさんある」などなどはこの例である。

さらに〈リンゴガテーブルノウエニミエル〉という五感世界と、それをもとにいまそこで制作された「りんごがテーブルの上に見える」という写生世界の「イマ」「ソコ」〈キミ〉性に対して、「昨日」「両国国技館」で「横綱白鵬が負けた」という創作世界は、「イマ」「ソコ」で〈キミ〉によって創作された世界ではあっても、その中身は昨日、両国国技館で、白鵬が負けたという、〈カコ〉の〈アソコ〉の〈タシャ〉の行為を、〈キミ〉が「イマ」「ソコ」で創作した世界である。

過去形の創作世界は、〈キミ〉が記号を操作して「イマ」創作した、過去の世界である。「キミ」が生まれる前の過去世界は、〈キミ〉でない他の〈ダレカ〉によって「イツカ」「ドコカ」で制作された【記号の世界】が、文書や記録や言い伝え（誰かの記憶）の形で残されていて、それを〈キミ〉が翻訳世界としてあらわにしたものである。過去が、それ自体どこかに存在しているということはない。


どんな過去も、過去である以上「イツカ」「ドコカ」で〈キミ〉を含む〈ダレカ〉が制作し、それぞれの作者から吹きだされた記述なり口述のもとに創作される。それらは宇宙内に書籍や記録として残されていたり、または「キミ」の脳内に記憶として残っていたりして、宇宙空間に記録物性態や記憶物性態の状態で存在しているのである。その記録物性態や記憶物性態を、あらたな認識与件として、〈キミ〉は「イマ」「ソコ」であらためて記号の三項関係を発現させ、過去世界を創作するのである。ときには〈キミ〉が創作した架空の話を、過去の事実として他者に告げることもある。

ということで過去とは〈キミ〉が記号を操作して創作したものだ、と考えておかないと判断を誤る。歴史認識が国家や国民によって異なったり、歴史観によって過去の見方がまったく異なるのは当然である。化石や地層なども過去を語る記録の一種で、過去そのものではない。過去が過去としてどこかにそのまま存在することはない。それがあると考えると、そのとたんに〈キミ〉は過去というものの本質を見誤ってしまうのである。

未来世界は、記号の操作の段階で予想や予測や想像や期待といった不確定要素が入りやすい。未来は〈キミ〉によって創作された世界だから、それに似た世界を体験することはあっても、〈キミ〉にあらわれた未来世界そのものが、〈キミ〉を含めた〈ダレカ〉によって実体験されることはない。未来世界と、実際に実現した世界を比べるとすぐわかるが、未来世界には背景や細部はない。それらは新たに制作しない限りあらわれてこないのに対して、いまあらわれた【感じた世界】には、豊かな沃野《よくや》が開けている。

たとえば未来世界として描いた、〈キミ〉が大学に入学した世界には、友だちも教授も教室さえないのに、実際に入学して大学を実感すれば、それらは当然存在する。かりに友だちも教授も教室もありの未来世界を創作しても、友だちや教授の名前や教室のたたずまいはないだろうし、それがある世界を作っても、その先は不明で、未来世界はどこまでいってもただ、記号と「感じた記憶」だけによって制作される世界である。それに対して、実現した【感じた世界】は、〈イロ〉や〈カタチ〉や〈オト〉や〈ニオイ〉に満ち満ちている。
創作世界そのものを〈カンジ〉ることは不可能である。〈カンジ〉ればそれは【感じた世界】となる。明治時代や10年後の東京のような過去世界や未来世界が〈カンジ〉られないのは当然だが、パリやロンドンのいまの様子も、東京にいては〈カンジ〉られない。そして〈カンジ〉る世界が現実に「イマ」「ソコ」で〈キミ〉にあらわれれば、それは【感じた世界】であって、創作世界ではない。

小説家が小説を書いたり、読者が読んだりする本のなかの時空は、現実の宇宙空間における時空とは隔絶している。小説の中にもそれなりの時空のひろがりがあり、登場人物である主役、わき役もその中で躍動するが、それは吹きだした〈キミ〉の世界のなかでの躍動であり、その世界は現実の宇宙空間とは無縁の空間である。

論理学で扱われる論理や、数学や理論物理学によって扱われる量子力学の描像は、無時制世界である。他にも「猫は動物である」「雪は白い」「カラスは黒い」など一般的な言明は無時制世界である。これらは〈キミ〉の【記号の世界】として宇宙外に吹きだした、記号同士の一般的な関係を記述しただけだから、【記号の世界】の中だけに自閉しており、宇宙時間の時間のもとにはないのである。

創作世界は現実味をもつ必要はない。荒唐無稽な妖怪や怪談の世界もありだし、〈キミ〉が自転車にまたがって空を飛び、象が両耳をあおって空を飛ぶ想像や創作の世界も、立派な創作世界である。記号だけによって成り立つ世界だからこそ、それらは存在可能なのである。

遠く離れた鴨川や紫禁城が創作世界としてあらわれた時、それらはどこにあるのかという問いがあり、京都や北京のそれらが所在するその場所にあるのだという回答がある。確かにそれが自然だが、必ずしも時代や場所を限定する必要はない。紫禁城をニューヨークのマンハッタン島のどこかに存在するとした文章を書くことは可能であるし、ゴビの砂漠に鴨川が流れている状況を考えることもできる。

つまり創作世界は時空や実現性にとらわれずに、宇宙外に跳びださせて、いつでもどこにでもあらわにすることができるし、さらには「昔々、あるところにおじいさんとおばあさんがおりました。おしまい。」のように周りになにもない状況のなかに、それだけをポツンとあらわすことも可能なのである。

創作世界は、事実の世界だけではなく、事態をあらわにすることができる。ウィトゲンシュタインの『論理哲学論考』によれば事態とは、現実に成立している事実に対して、成立することが考えられる世界である。ヒトは記号の組合せによって、現実の世界だけでなく可能世界をあらわにすることができ、それによってヒトの世界は、他の動物とくらべて、飛躍的にひろがることとなった。現世人類である我々ホモ・サピエンスは、ヒト科のなかでただ一属ただ一種だけ生き残り、生態系の頂点を極めることとなったが、それは、この能力によるという仮説を、本書は後述の「コラム」に書いた。

創作世界からは、特別な場合を除いてあらたな記号が生まれることはない。創作世界は、〈キミ〉が把持した手持ちの記号の組合せによってのみ、制作される世界だからである。特別な場合とは、たとえば〈キミ〉がなにか新しいものを発明したり発見して、それに名をつけたり、子どもが生まれてその子に名をつけたり、友人にあだ名をつけたり、要するに〈キミ〉がある物ごとの名づけ親になって、その物ごとに関する創作世界を制作することを試みる場合の、その造語、造記号の作成を言う。普通の場合の創作世界は、把持した手持ちの記号の組合せだけによって創作される。

〈キミ〉は、手持ちの記号のあらたな組合せにより、新しい世界をいくらでも制作することができる。もし〈キミ〉が把持する記号が10万個あったとしたら、それらの組合せは無限と言ってもいいほど多くにおよび、そこにまたあらたな記号がひとつ加われば、その数はさらに激増する。記号の組合せには無意味な組合せが膨大にあるが、そのなかの有意味な組合せだけを取り出しても、いままでに創作したことのない世界はいくらでもあり、したがって〈キミ〉は新しい創作世界をいくらでも制作することができるのだ。

そのようにしてできた新しい【記号の世界】は、役割を終えれば再びもとの記号記憶物性態となって、シナプスに把持される。その際、新しいシナプスの回路が完成するから、その記号の組合せが記憶されると、次なる世界のあらわれの際に、その世界が効率よくあらわれる。このようにしてヒトには、各自の記憶に関して得意分野が形成されていくこととなる。

囲碁や将棋の棋士は、その日指した一局どころか何十局何百局もの対局を記憶しているし、能楽師は数百番の謡を暗唱している。しかし〈キミ〉の世界の限界や、棋士や能楽師の世界の限界は、それぞれが有する記号の在庫によって決定され、手持ちでない記号をまじえた創作世界は、制作できない。

ただ新しい経験により新たな世界がもたらされ、それによって記号の手持ちが増えて、創作世界の可能性が広がることは日常的にある。事実そうやって〈キミ〉は〈キミ〉の創作可能な世界を増やしてきた。一方で高齢化すると、アルツハイマー病などの認知症により手持ちの記号が滅失し、創作世界を創作できる範囲が縮減していくことも、普通に起こる。

ここで創作世界を、図を用いて説明する。次の図2は前節の図1と同様、第一章の図（17ページ）がはじめて〈ボク〉にあらわれたときの、左端の「ボクの世界」を切り取って拡大したものである。右側の円内の【記号の世界】は、図1の場合は写生世界だったが、ここでは創作世界である。

はじめに注意しなければならないのは、〈ボク〉にあらわれた世界は、〈ボク〉が【感じた世界】と〈ボク〉の【記号の世界】だけで、それ以外は何もないということである。いままでずっと取り上げてきた第一章の図（17ページ）も、はじまりはこの図2の右側の円内、〈ボク〉の【記号の世界】にあらわれた「創作世界」だった。見てのとおり、図2の右側【記号の世界】のなかは、17ページの図と同じになっている。左側の【感じた世界】も、本章第三節の図1と同じである。なぜならこれらは同じ時点での【感じた世界】の創発と「創作世界」の発現

宇宙空間とそこから吹きだした〈ボク〉の創作世界の図

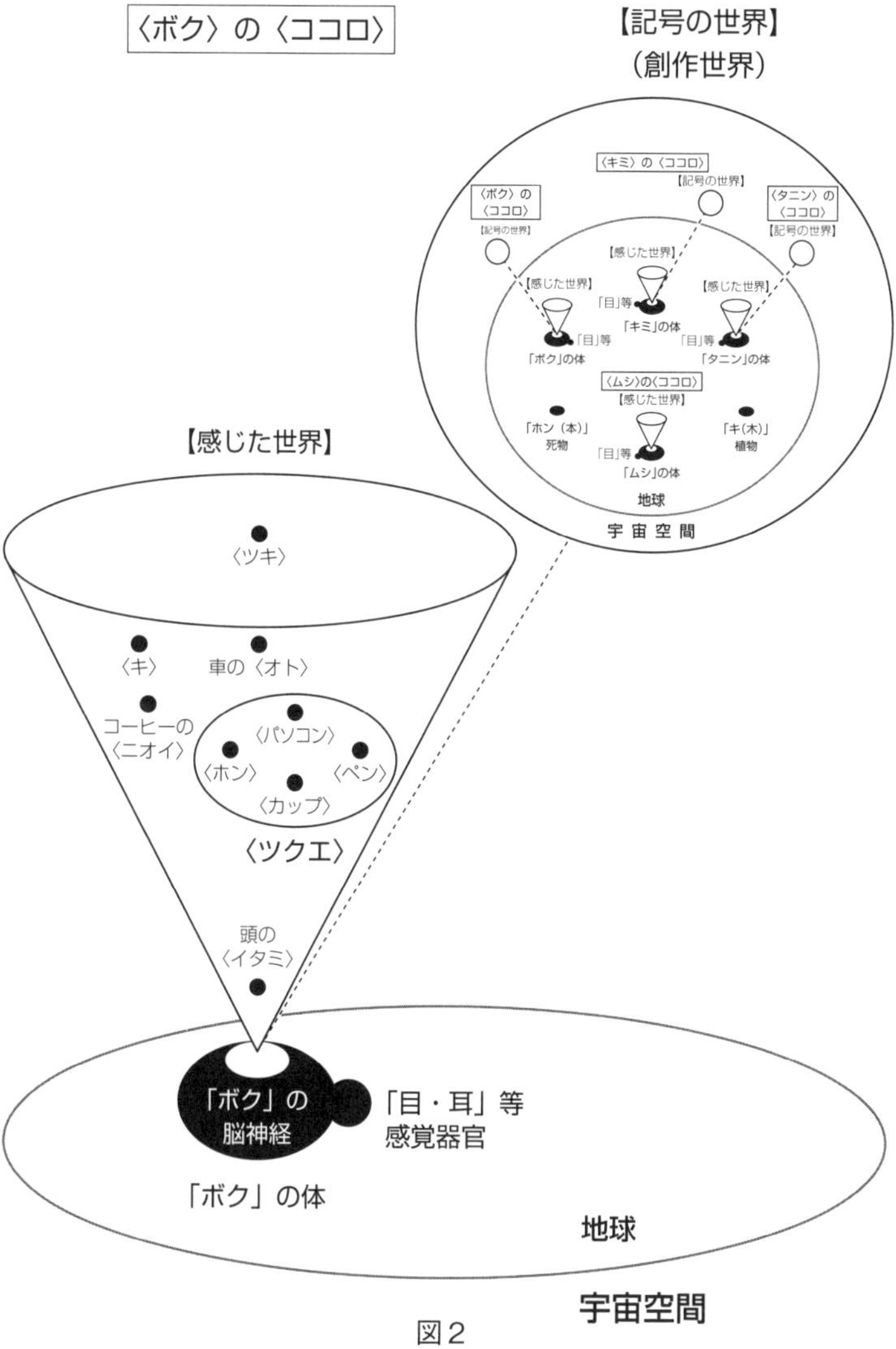

図2

の図だからである。

要するに、本書で主張しているあらゆることは、すべて〈ボク〉が記号を操作して、この【記号の世界】に記述、描述、論述してあらわにしたことなのである。これは〈ボク〉だけに限らない。〈キミ〉もそして誰もが、記号を用いて会話や思考や物語をここに吹きだして、はじめて【記号の世界】が、あらわれるのだ。


〈ボク〉は図2の【記号の世界】のなかに、たとえば「月は地球の衛星である」とか、「月が地球を1周する公転周期は約27・3日である」とか、「満月から次の満月までの朔望周期は約29・5日である」とか、「地球から太陽までの距離は、地球から月までの距離の約400倍である」といった、宇宙空間における「ツキ」と「チキュウ」と「タイヨウ」との関係を語りだすことができる。またほかにも「トリとムシとは捕食関係にあることが多い」とか「カブト虫はクヌギの木を好む」などなどの語りを書きこむことができる。

さらに〈ボク〉は、「地球は月の衛星である」とか「地球が月を1周する公転周期は約24時間である」とか「大型のカブトムシには50センチメートルを超えるものがある」といった誤った語りを為すこともできるのである。

というわけで、記号によってあらわされた「文」が真か偽かは、「ボク」の語りだけでは判断しかねるが、図1や図2の【記号の世界】のなかに、ある語りが記述されれば、真偽はともかくとして、記号の連なりのもとに世界を語ることができるのだ。

さてここからは、宇宙空間に実在すると思われる物性態どうしの関係を、記号を操作して【記号の世界】に記述し、物性態の宇宙空間における居ずまい、佇ずまいを定めていく方法について、いくつか論じる。

〈キミ〉が宇宙空間に実在する「リンゴ」を説明するために、〝りんご〟という記号を使って世界を創作するとしよう。「キミ」はシナプスに記号記憶物性態として把持しているりんご、バラ科、リンゴ属、秋、落葉、高木樹といった記号を操作して、「りんごは、植物分類上はバラ科リンゴ属に属する、秋になると落葉する高木樹である」という世界を、宇宙外の〈キミ〉の円内に吹きだすことができる。これは、暗黒の洞窟宇宙に実在する、ヒトには不可知の物性態X＝「リンゴ」のある一面を記述した文章である。

〈キミ〉は、宇宙内に実在する物性態を記号化することなしには、物性態「リンゴ」を語ることはできない。〈キミ〉が「リンゴ」の何たるかについて少しでも知ろうとするのなら、〈キミ〉は記号の操作によって、宇宙における「リンゴ」それ自体の性質や他の記号物性態との関係を次々と〈キミ〉の【記号の世界】の円のなかに記述するしか、方法がないのだ。

仮に〈キミ〉が上記の記述を「真」であると考えれば、〈キミ〉は「リンゴ」は「バラ科リンゴ属の落葉高木樹」であるという命題を真とする集団の一員となる。それによって〈キミ〉は、宇宙空間における「リンゴ」の在り方のあるひとつの側面を認めることになるのだ。

いま「キミ」「ボク」「タニン」から吹きだした【記号の世界】が、3者間で「真」と合意されれば、上記の5つの記号によって成り立つ【記号の世界】は、少なくとも第一章の図（17ページ）に描かれた〈キミ〉と〈ボク〉と〈タニン〉の3者のあいだでは、それが宇宙内に実在する「リンゴ」の性質や関係のある一面を共同して認めることになる。

宇宙の記述に使用される記号には、りんごだけでなく他にも、バラ科とは「双子葉植物の一科。草本から高木まで種々あり、がく片・花弁は5、雄芯・雌芯の数は多くは不定。果実は多様。（中略）おもに花の構造から、わが国のものはサクラ・バラ・シモツケ・ナシの各亜科に分け、さらに科とすることもある」、落葉とは「（秋になって）植物の葉の落ちること。また、その落ちた葉。おちば。葉柄の付け根に離層が生じて離れるが、普通その前に葉緑素が分解し（後略）」（いずれも『広辞苑』から）など、辞書や事典を引けば出てくる【記号の世界】の記号それぞれの〈シルシ〉すなわち〈カタチ〉や〈オト〉（語形音）とその〈イミ〉（語義）が、カントの物自体やプラトンのイデアのある一側面を僭称して、記述されることとなる。

このようにして、仮説からはじまった宇宙の記述であっても、【記号の世界】の制作の結果、それぞれの記号がその記述によって、その記述限りのそれら自体の宇宙における在り様をあらわし、その記号が、宇宙での物性態のあり方を、僭称しながら差し示すこととなるのである。

前述に加えて、ヒトは宇宙における不可知な対象に記号を付し、宇宙の「ナニカ」をその記号によって仮称したうえで、その記号を操作して【記号の世界】を制作し、宇宙を記述することができる。そのとき記号は、宇宙に実在する物性態「ナニカ」を仮称して、その記号の宇宙でのはたらきを差し示すこととなるのである。

数学や物理学の関係式は、「ナニカ」を仮称する記号を作り、それら記号同士の関係を捉えて式として作成したものである。たとえば天体における太陽と地球の質量を、実際の質量を用いることなく、仮にm^1・m^2とし、両者間の距離をrとすると、太陽と地球にはたらく引力はm^1とm^2に比例し、rの2乗に反比例することがわかる。この法則は、太陽と地球の間だけに成り立つのではなく、質量と距離に関する一般的関係において成り立つことが、ニュートンによって明らかにされた（万有引力の法則）。

先に述べた「ナニカ」を僭称する記号と、この「ナニカ」を仮称する記号とを使うと、写生世界で使われる関係態としての〈カンジ〉と〈イミ・カチ〉の記号とは異質の、宇宙に実在するその物性態を仮称・僭称する記号によって、宇宙内の物性態同士の関係を明らかにすることが可能になることがある。

宇宙空間の物性態の在り方を描述するために、国際単位系（SI単位系）が定められ、その単位系のもとに、物性態の構造や性質や物性態同士の関係が、統一された尺度ではかられ、宇宙の在り方について人類共通の語りが為される。

国際単位系（SI単位系）は、7つの基本単位と組立単位、および接頭語で構成される。7つの基本単位とは、「長さ（メートル・m）、質量（キログラム・kg）、時間（秒・S）、電流（アンペア・A）、熱力学温度（ケルビン・K）、物質量（モル・mol）、光度（カンデラ・CD）」である。

接頭語とは、SI基本単位の前につけて「km（キロメートル）、mA（ミリアンペア）」のように使用する。Kは10の3乗、mは10のマイナス3乗をあらわし、たとえば長さを扱う場合には、すべてをメートルであらわした場合の0の数が多くならないように、1kmは1000メートル、1mmは1000分の1メートルのように工夫されている。giga（ギガ）は10の9乗、nano（ナノ）は10のマイナス9乗といった按配《あんばい》である。

7つのSI基本単位のほかの、22個の組み立て単位には、たとえば周波数・ヘルツやエネルギー・ジュールや、電位差・ボルトなどの、固有の名称とその独自の記号が与えられている。

これらの国際単位系のもと宇宙内の諸物性態間の距離や速さや電圧や仕事量などが測定される。それらはすべて、宇宙空間における物性態の在り方を、他の物性態との関係においてあらわし、それを【記号の世界】のなかに記述するために考えられたものである。距離は定規などの道具を使って測定したり、幾何学を利用したり、光の速さの単位で測ったりする。重さは秤ではかられ、またすでに知られた他の質量の物性態と比較されて測定される。

このようにして宇宙空間における物性態同士の距離や相対的な速度や加速度、エネルギーや電磁気力などが既知となっていく。宇宙空間の姿を宇宙像として【記号の世界】にあらわにするためには、これまで述べてきた分類や国際単位系の活用によって、可能な限りヒトとのかかわりを消去した、物性態同士の関係として捉えることが必要になるのである。ヒトは【記号の世界】のなかに、宇宙空間における諸物性態の関係や性質を記述し、その記述が他の記述と矛盾なく成立するように確認することによって、宇宙空間の物性態の在り方を少しずつ探究してきたし、これからも探究していくのである。

ここからは、米盛裕二著『「アブダクション」仮説と発見の論理』（勁草書房　２００７年）を参考にして、物性態の性質や関係を検討し、宇宙空間のあり方を記述する1つの方法について語ってみる。米盛はＣ・Ｓ・パースの思想を中心にこの書を著した。

米盛によると、パースは論理学で伝統的に使われてきた演繹と帰納の2分法に対して、3つの推論概念すなわち、演繹的推論（ディダクション）、帰納的推論（インダクション）、仮説的推論（アブダクション）を提唱した。なかでもアブダクションは、科学的発見に多大なる貢献を為したと言う。

パースは演繹的推論を論証の論理学とし、帰納的推論と仮説的推論（アブダクション）を拡張の論理学としたうえで、演繹は経験から独立に成り立つ形式的必然的推論であるが、それは何も新しい発見をもたらさない。一方帰納とアブダクションは、必ずしも論理的とは言えない推論であるが、新しい発見をもたらしつつ、前提に対してなんらかの確からしさをもつと考えられる主張である、とした。

そして帰納とアブダクションの関係については、アブダクションは拡張的機能においては帰納よりすぐれているが、論証力においては、帰納より弱い推論であるとする。つまり論証力の強さなら、完璧な演繹から、帰納、アブダクションの順に弱くなり、拡張力即ち発見力の強さなら、アブダクション、帰納の順に発見をもたらし、演繹はなにも新しい発見をもたらさないとする。

パースは、演繹と帰納と仮説（アブダクション）の推論の形式を3段論法で示すと、次のようになると言う。（米盛前掲書81ページ以下）。

演繹（ディダクション）

（1）この袋の豆はすべて白い（規則）、
（2）これらの豆はこの袋の豆である（事例）、
（3）ゆえに、これらの豆は白い（結果）。

帰納（インダクション）

（1）これらの豆はこの袋の豆である（事例）、
（2）これらの豆は白い（結果）、
（3）ゆえに、この袋の豆はすべて白い（規則）。

仮説（アブダクション）

（1）この袋の豆はすべて白い（規則）、
（2）これらの豆は白い（結果）、
（3）ゆえに、これらの豆はこの袋の豆である（事例）。

この三者を比較すると、帰納（インダクション）と仮説（アブダクション）は正しい三段論法にはなっていないことがわかる。帰納（インダクション）は三段論法で言う小前提と結果から大前提を推論する形式になっており、仮説（アブダクション）は大前提と結果から小前提を推論する形式になっている。

形式論理的には妥当性に欠ける論理であっても、それらが役に立たないということではない。帰納は、観察データに基づいて一般化を行う推論であり、アブダクションは観察データを説明するための仮説を形成する推論と考えれば充分意味を持つ。

帰納もアブダクションも、推論の形式的妥当性や論理的必然性をある程度犠牲にしたうえで、その見返りとして、経験的事実に関する知識を拡張するための拡張的推論を可能にする手法であると考えるのである。


では2つの拡張的推論である帰納とアブダクションの違いは何かと言うと、帰納は事例の中に観察したものと類似の現象の存在を推論するのに対し、アブダクションは、観察したものとは違う種類の何物かを仮定する点に違いがある、とパースは言う。つまりアブダクションは、我々にとって直接観察不可能な何物かを仮定することができるところに、その特徴があることになる。

それを帰納とアブダクションの「飛躍」という観点から考えると、両者の「飛躍」には違いがある。帰納的推論における「飛躍」は、既知の部分から、その部分が属する未知のクラス全体への飛躍であり、同種の観察可能な事象のクラス内における一般化の飛躍である。

これに対しアブダクションにおける「飛躍」は、直接観察したものとは違う種類の何物か、そして我々にはしばしば直接には観察不可能な何物かを仮定する、言わば創造的想像力による推測の飛躍である（前掲書91ページ）。

またパースは次のように言う。「帰納は一連の多数の主語を、それらの主語および他の無数の主語を包含するただひとつの主語によって置き代えることである。こうしてそれは〈多様性の統一態への還元〉の一種である。」そして「アブダクションは、それら自体で統一態をなしていない多数の述語を、それらの述語のすべてを含み、（多分）他の無数の述部も一緒に含む、唯一つの述語によって置き代えられることである。従ってそれも〈多様性の統一態への還元〉である。」［前掲書101ページ注（1）］。

パースの以上の考えを、「ナニカ」を僭称する記号に適用すると、この僭称する記号は、帰納による推論によって、宇宙の秩序ある、また統一性をもった体系を形づくっていくことがわかる。

りんごは日本に2000種、桜は400種以上、バラは世界に3万～5万品種あると言われているが、その数百、数千、数万のなかのひとつのりんごや桜やバラが、それぞれの種に属するのは、帰納に基づく推論により、ひとつひとつのりんごや桜やバラという無数の主語が、唯一つの大文字の主語に置き代えられることによる。さらにこの3種はすべてバラ科に属するとされるのも、またイチゴ、梨、桃、梅、アーモンドがバラ科の果実種とされるのも、帰納的推論によってそれらがバラ科に分類され、宇宙に秩序と統一性を持った存在として認められるからである。

このように種々の僭称宇宙記号が他の記号によって記述され、またその僭称宇宙記号をもとに、他の記号が記述されるとき、宇宙内物性態を僭称する記号同士が互いに互いを記述し、記述されて、宇宙の姿が徐々に炙《あぶ》り出されてくることとなるのである。

「ナニカ」を仮称する記号は、多くの場合観察不可能な〈ナニカ〉である。観察可能な記号なら、多くの観察を繰り返して、上述した帰納による推論によって、無数の主語をただひとつの主語に置き代えることができるから、普通は「仮称する記号」に頼る必要はない。ただ観察可能ではあるが、いま現在はまだ観察されていないものを、仮称的推論を使って推論するという場合があるため、パースは「多くの場合観察不可能」としたのである。

ここでは観察不可能な「ナニカ」を取りあげる。たとえば引力やクーロン力や量子の振る舞いは観察できない。したがってそれらに関する法則は、観察によって導き出すことができない。それらの法則は、ある「仮称する記号」を仮説として設定したうえで、大胆な推論を行うことによって、ただひとつの述語によって置き換えられることが発見されたのである。万有引力の法則やクーロンの法則や量子力学の考え方はこうして次々と発見されていったのだ。

帰納による推論にしても、アブダクションによる推論にしても、ある記号が仮説的に定立されれば、それについての描述が開始され、命題が作成される。そしてそれらの命題と他の命題との整合性が検討されることにより、互いの真偽が明らかにされていく。

この繰り返しのなかで、「僭称記号」「仮称記号」は、【記号の世界】における整合性を通じて、宇宙における地位を定着させていく。それは記号空間内の当該記号に着目して、その記号に関する有意味な単純命題を作成するところからはじまる。単純命題とは、その命題のなかに論理語にあたる「否定」や「または」や「かつ」などを含まない、単純な命題を言う。

こうして作成された単純命題の真偽を判定すれば、この記号が属する領域がどんどん狭くなって、だんだんとその地位を確保し、宇宙に定着していくのである。

単純命題は、記号空間を命題が真である領域と偽である領域に2分する。そして当然のことながら、命題は真の領域または偽の領域のどちらかに所を得ることとなる。たとえば「りんごはバラ科の植物である」という命題があると、この命題は全植物の記号空間をバラ科の空間とバラ科でない空間に2分し、この命題は真とされるから、りんごはバラ科の空間に属することになる。

一方「りんごはミカン科の植物である」や「りんごはイネ科の植物である」のような有意味な命題も作成され得るが、それらは偽だから、ミカン科やイネ科によって二分された記号空間においては、りんごはミカン科やイネ科ではないほうの空間に属することになる。そしてまた「りんごは落葉樹である」や「りんごは高木樹である」という単純命題によって二分される記号空間に対しても、それぞれ真の側、すなわち落葉樹、高木樹のほうに居を定めることとなる。こうしてりんごに関する数多くの真偽が判定されることによって、りんごが属する記号空間の領域が狭まって、だんだんと宇宙における地位が確定していく、というのがここで述べたかったことである。

しかしその結果として、記号自体即ち宇宙における物自体、上述の例で言えば「リンゴ」自体が、完全に明らかになることはない。単純命題と言えども「リンゴ」の何たるかを記述するために他の記号が使われるわけだから、記述の真偽をもって「リンゴ」自体を完全に記述しつくすことは、いくら多くの命題を集めても不可能なのである。したがってカントが言うとおり物自体は不可知なのだ。

以上は物性態が宇宙空間にその地位を定着させていく過程を述べたわけだが、一方で記号によって仮定された宇宙の記述が、他の諸命題との整合性を欠くことによって、その地位を追われることもある。

たとえば、古くデモクリトスやエピクロスによって唱えられた知覚の在り方によれば、知覚は宇宙の事物からはがれた薄皮「エイドロン」が目に跳び込んでくることによってあらわになるとした。また物が燃えるのは、燃える物のなかに「フロギストン（燃素）」という物質が含まれていて、それが燃えるのだとされていたこともある。これらの説はずっと昔に否定された。その後も、光が伝播するためには、宇宙空間に宇宙質としての「エーテル」が充満していなければならない、という説もその地位を失ったし、ニュートンの絶対空間、絶対時間の概念は、アインシュタインの相対性理論によって否定された。

科学の発展の過程では、無数の仮説が提起され、それらが様々に検討され、試練を経た結果生き残った理論によって、宇宙の記述はなされるのだ。つまり宇宙は絶対的に真なる「ナニカ」のもとに、あらかじめ体系的に成り立っているという考えは、誤りなのである。

というか、万が一それが正しかったとしても、我々はそれを証明する能力を欠いているため、それが何かは特定できないのである。したがって上述した通り、我々は、一つひとつの命題の真偽を確かめながら、全体として矛盾のない理論を構築していくしか、方法を持たないのである。

なおここで一点確認しておく。これまで述べてきたのは、宇宙内に実在すると仮定した物性能を仮称潜称する記号どうしの関係を、それらの記号を操作して【記号の世界】に描述することであった。ということは、それらの記号のもとの物性態たとえば「リンゴ」が、宇宙空間に実在するかどうかについては、まだ不明なままなのだ。この点については、第五章第二節の「物性態の宇宙内実在証明」で論ずることになる。

第五節　翻訳世界

翻訳世界とは、他人が制作した【記号の世界】を、「キミ」が聞いたり、読んだりして、〈キミ〉の【記号の世界】に翻訳した、〈キミ〉が理解する限りでの、〈タニン〉の世界を言う。〈タニン〉が宇宙空間に【記号の世界】を音波として放出した声や、文字として放出した文書や、書籍からの信号・記号を「キミ」が受け取ると、「キミ」が前から把持していた記号記憶と、受け取った信号・記号とが同定されて、他人の【記号の世界】が、〈キミ〉の【記号の世界】となって発現する。それが〈キミ〉の翻訳世界なのだ。

ここでふたつの問題が生じる。ひとつは〈タニン〉の【記号の世界】に用いられた記号があらかじめ〈キミ〉に把持されていない場合で、この場合〈キミ〉はまず、〈タニン〉の当該記号の意味を、全体の流れのなかからコンテクストにより、理解しなければならない。コンテクストによる解釈や理解ができない場合は、〈タニン〉に尋ねることになる。〈タニン〉の【記号の世界】が印刷媒体や放送媒体などの場合は、辞書やネットや解説書などで調べることもある。こうして〈タニン〉の【記号の世界】がまがりなりにも〈キミ〉の翻訳世界としてあらわれると、それまで未知だった記号は、〈キミ〉に記憶されて既知となる。

いま1つの問題は、〈タニン〉との対話において〈タニン〉の発した記号と、〈キミ〉が把持する記号の〈イミ〉が合致しない場合である。その場合、〈タニン〉のほうに問題があったり、〈キミ〉のほうに問題があったり、場合によっては双方に問題がある場合もある。そのようなときには対話が滑らかに進まなくなるから、双方が話し合って何とか議論を円滑に進めようと試み、相互理解のための【記号の世界】の交感があらためてはじまることになる。

〈タニン〉の著作を読むような場合でも、著者が制作した創作世界と、読者の翻訳世界では相違することが少なからずある。学術論文のような場合は、その内容に賛意を表明するか否かはともかく、創作された世界が論じている内容に関しては、一致する場合が多い。しかし詩や短歌や俳句の場合は、実体験や言語体験の相違により、また古文や外国語で書かれた世界の場合は、時代的地域的そして文化的な素地の違いにより、著者が意図した世界が、適切な翻訳世界としては作成されない場合が多発する。

【感じた世界】もそうだったが、【記号の世界】も、世界はすべて「イマ」「ソコ」で〈キミ〉に発現した世界である。たとえばプラトンの『ティマイオス』は、日本語に翻訳されている。その翻訳書を〈キミ〉が読むと、「イマ」「ソコ」で〈キミ〉に、日本語化されたソクラテスやプラトンの哲学が、〈キミ〉の翻訳世界としてあらわれる。〈キミ〉が昔読んだ『ティマイオス』を思いだす場合は、「キミ」に把持された「キミ」の脳内の『ティマイオス』に関する記憶物性態の章句が活性化されて、「イマ」「ソコ」で〈キミ〉に創作世界としてあらわれてくるのである。

したがってその『ティマイオス』は、プラトンが、ソクラテスとティマイオス他二名との対話の形式で書き残した『ティマイオス』そのものではない。その書物が日本語に翻訳されて、さらに「イマ」あらためてその翻訳書の内容が、〈キミ〉の翻訳世界となってあらわれたのが、「イマ」〈キミ〉にあらわれた『ティマイオス』なのである。

このような次第で、会話の場合にしろ、書物の場合にしろ、【記号の世界】の作者の世界と翻訳者の世界とは、おおむね一致する場合もあれば、相似性の強い世界の場合もあれば、相違性が勝った場合もある。

書かれた書物の場合は、著者（創作世界の作者）が現場にいないことがほとんどだが、その場合は著者の創作世界が受容できかねることが生じると、辞書や事典で調べたり、近くにいる識者に尋ねたり、また著者の不勉強をなじったりし、あげくのはてにその著作を放り出してしまったりする。

ここまでの記述の通り翻訳世界は、〈タニン〉の【記号の世界】を、〈キミ〉が体外信号を通じて受信して、「キミ」が神経細胞に把持する記号記憶物性態と同定することによってあらわれる。それは〈タニン〉が【記号の世界】として制作した世界を〈キミ〉が翻訳した世界だから、〈タニン〉の【記号の世界】そのものではない。しかし〈キミ〉は、それが〈タニン〉の【記号の世界】であると思っている。

〈キミ〉が翻訳世界を制作する際、〈キミ〉に過去に【感じた世界】の記憶が立ちあらわれることがある。それを本書は「感じた記憶」としたが、その「感じた記憶」の例をあげておく。たとえば新聞のスポーツ欄を読んで、昨日テレビで見た大相撲の取り組みが目に浮かんできた、亡父の日記を読んだら、在りし日の父の一挙手一投足が思い出された、というのがその例である。創作世界や翻訳世界とともにあらわれる、過去の「感じた記憶」の立ちあらわれは、創作世界、翻訳世界に活き活きとした動きや、具体性や色どりをもたらすのである。

〈キミ〉にあらわれた翻訳世界は、〈キミ〉にあらわれてくる【感じた世界】や、それを写生した写生世界、および〈キミ〉のあらたな創作世界の制作によって、〈キミ〉に解釈され、評価されることとなる。たとえば船に乗っていて〈ボク〉が〈キミ〉に、「あそこに島が見えるよ」と指さして言うと、〈ボク〉が制作したその写生世界の〈イミ〉は、〈キミ〉が翻訳世界を作成することによってただちに理解される。〈キミ〉はそれを〈キミ〉の五感世界によってたしかめたうえで、「ちがうよ。あれは雲だよ」と言い返してくる。

〈キミ〉が「$A^2+B^2=C^2$が成り立つ場合があるのだから、$A^3+B^3=C^3$が成り立つ自然数A、B、Cも存在するはずだ」と〈ボク〉に言ったとする。〈ボク〉は翻訳世界を制作して、その会話を受け入れたうえで、「nが3以上のときは$A^n+B^n=C^n$が成り立つような自然数A、B、Cは存在しないことがいまは証明されているよ。フェルマーの定理と言って、それは昔は証明不能の難問とされていたけどね」と、〈ボク〉の創作世界を作成して、〈キミ〉に向けて表出する。

翻訳世界は、創作世界と同様架空の世界であっても虚構の世界であってもかまわない。〈タニン〉が制作した、たとえば小説や戯曲は、架空や虚構の世界だから、それを読むことにより

〈キミ〉が制作する翻訳世界も、当然架空、虚構の世界となる。

翻訳世界は、五感世界と違って、さらなる視覚や聴覚の働きや、他の感覚器官を動員しても、それ以上の情報は得られない。五感世界の場合は、たとえば見える世界に関して、その世界をさらによく〈ミ〉たり、また〈サワッ〉たり、匂いを〈カイ〉だり、音を〈キク〉ことによって、よりはっきりとした世界をあらわにすることができるが、翻訳世界においては、その時点で得られた情報がすべてで、解釈を深めることはできても、それ以上の情報は引き出せない。ただ〈タニン〉に直接尋ねることによって、より詳細な翻訳世界を制作することは可能である。

翻訳世界は、まずは〈タニン〉が制作した〈タニン〉の【記号の世界】を、〈キミ〉が〈タニン〉の世界と考えて翻訳した〈キミ〉の世界である。それが本当に〈タニン〉の世界と合致して、しかもその世界を〈キミ〉が承認すれば、〈キミ〉はその世界を〈タニン〉と共同主観的に共有する共同体の構成員の一員となる。

たとえば学校で「直角三角形の直角を挟む2辺をそれぞれ2乗した和は、斜辺の2乗に等しい」というピタゴラスの定理を学び、その証明についても、ユークリッド幾何学による面積の足しあわせや、解析幾何学に基づく代数的な計算で理解が得られ、〈キミ〉がそれに納得したとすると、ピタゴラスの定理は〈キミ〉にとっては真の世界となる。

そのとき〈キミ〉は、ピタゴラスの定理によってあらわれる世界を先生と共有して、先生が属していた共同体の構成員の一員となる。たとえ証明方法を忘れてしまっても、直角三角形の直角を挟む2辺A、Bと斜辺Cのあいだには$A^2+B^2=C^2$の関係が成り立つという公式を覚えていれば、その限りでの構成員だが、その式も忘れてしまえば構成員ではなくなる。しかし思い出したり、再度履修したりすれば、再び構成員となる。

人類社会には、翻訳世界を通じた、たった2人だけの共同主観的共同体から、数億人にもおよぶ共同体まで、無数の共同体が存在することになる。先に述べたピタゴラスの定理の例で言えば、ピタゴラスの名がついたこの定理は、当初のピタゴラスの定理から、三平方の定理とも言われるようになり、いまは数学を学ぶ万人が共有する定理となっている。

さて次の図3を見てほしい。図3は「キミ」と「ボク」の世界の交感を図式化したものである。ここでこの図を簡単に説明してから第五章に移り、世界の交感の詳細は、第五章で語ることとする。本節は翻訳世界について語る節であり、翻訳世界のもとで成り立つ世界の交感は、次章の【世界の実践】のなかの「言語実践」によって扱われるべきものだからである。

「ボク」は図にある「目」や「耳」や「鼻」などの感覚器で受信した体外宇宙からの諸信号や、

宇宙空間とそこから吹きだした〈ボク〉と〈キミ〉の翻訳世界の図

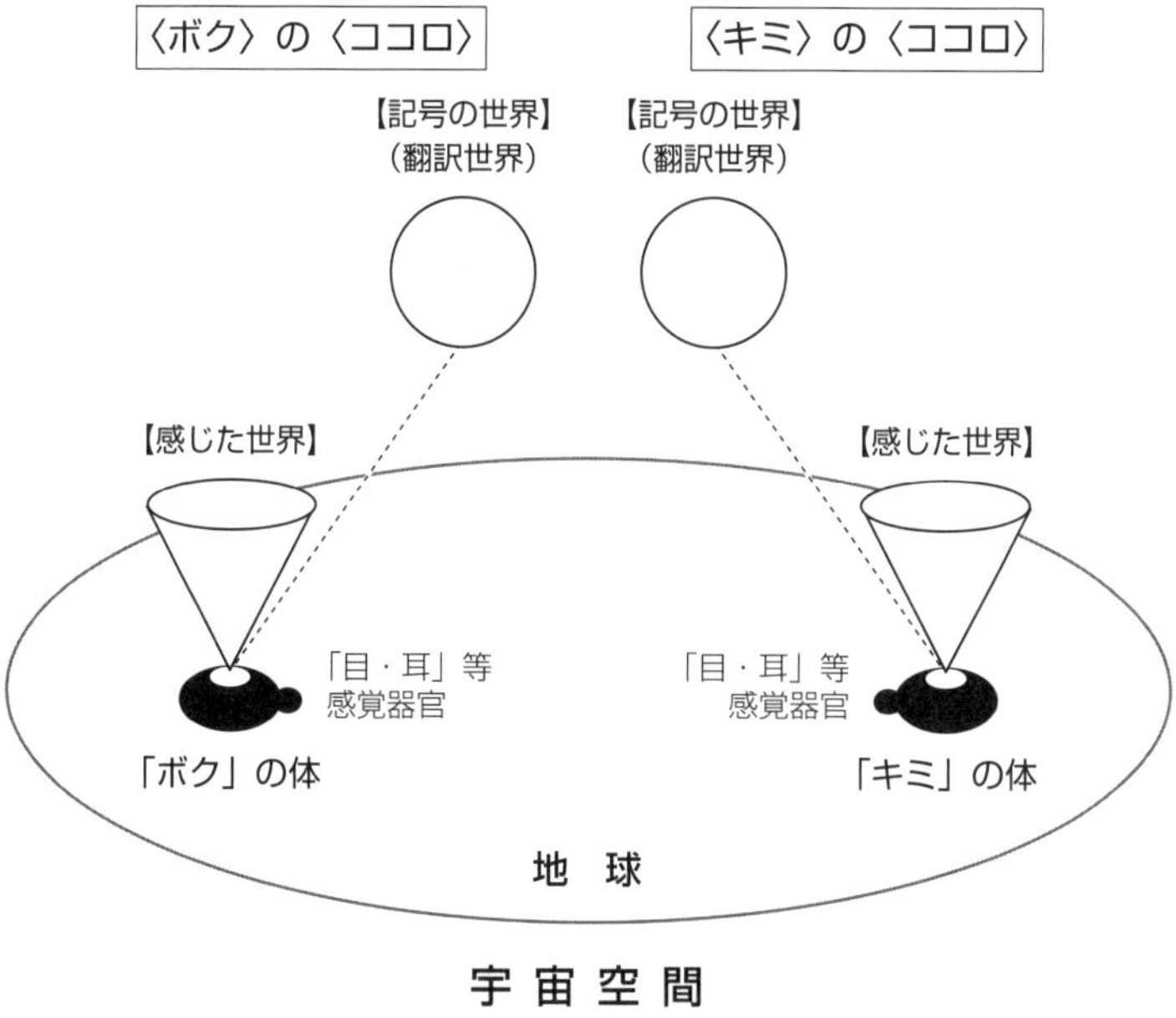

図3

体内で発生した頭痛や尿意などのもととなる信号を、神経を通じて脳に伝え、信号の三項関係のもとに【感じた世界】を創発した（第三章第二節参照）。

また〈ボク〉は、〈ボク〉の「記号の世界」の中に、記号の三項関係をもととした、「写生世界」および「創作世界」を発現した（第四章第三節第四節参照）。

前述した〈ボク〉の世界の創発・発現は、図3の右側の〈キミ〉の世界においても同様のことが生起する。そこで互いの翻訳世界を媒介とした〈ボク〉と〈キミ〉との【記号の世界】の交感について、図3のもとにまずはここで簡単に述べておく。

まず【感じた世界】は、それぞれの身体から吹きだした〈カンジ〉ただけの世界だから、それらはそれぞれの逆円錐の世界にとどまり、宇宙空間に表出して世界の交感をすることはできない。

しかし〈ボク〉になんらかの【記号の世界】（写生世界または創作世界）が発現すれば、「ボク」はその世界を発言するなり文章化するなりして、体の外部の宇宙空間（地球）にその世界を表出することができる。発言の場合は発言した音波信号が空気の疎密波となって大気中を伝わり、文章の場合は記号がそのまま地球上の紙やパソコン画面上に記《しる》される。

「キミ」がその信号・記号を「耳」や「目」で〈カンジ〉ると、まずは〈キミ〉に【感じた世界】があらわれる。しかしそれはすぐに【記号の世界】だと認識され、記号の三項関係により〈キミ〉の「翻訳世界」が作成される。

かくして〈ボク〉にあらわれた【記号の世界】は、物性態たる宇宙内の信号・記号物性態を経由して、〈キミ〉に「翻訳世界」すなわち〈キミ〉の【記号の世界】となってあらわれるのである。

これを本書は「世界の交感」とした。交換でもよいのだが、あえて交感としたのは、互いの世界を感じあう、つまり感を交える気分を、あらわしたかったからである。

世界の交感は、交感する互いの【記号の世界】を宇宙に表出するという【世界の実践】のもとで為される。これを本書は、宇宙に向けて手足を動かして行動する「行動実践」とは区別して「言語実践」とする。宇宙に向けて記号や言葉を発信する【世界の実践】を「言語実践」として、一般の「行動実践」とは別に扱うのである。この「言語実践」の詳細は、次章の【世界の実践】の特に第三節以降で取り扱うことになる。ということで翻訳世界についてはこれにて終了し、第五章【世界の実践】に移行する。

第五章　【世界の実践】

第一節　宇宙に向けた【世界の実践】（概説）

はじめに「宇宙に向けた【世界の実践】」とはどういうことか述べる。

本書はずっと、【感じた世界】と【記号の世界】は、宇宙から宇宙外に吹きだして〈キミ〉の〈ココロ〉にあらわれるとしてきた。その宇宙外に認識した世界を、宇宙空間に向けて実践していくのが、【世界の実践】だ。ヒトや動物は、宇宙に「命」を生きるべく、世界をあらわにした〈ココロ〉と、宇宙空間に実在する「カラダ」、すなわち心身一体となって、宇宙に向けて【世界の実践】活動を為すのである。

「キミ」や「タニン」や「トリ」や「ムシ」は、宇宙の外にあらわれた〈イミ・カチ〉世界をもとにして、「テ」や「アシ」や「クチ」そして「ヒト」の場合はその延長線上にある、「クワ（鍬）」や「スキ（鋤）」や「ハシ（箸）」や「サッカーボール」や「トランペット」を道具として使って、宇宙に向かって〈キミ〉にあらわれた世界を実践し、畑を耕したり、食事をしたり、サッカーをしたり、吹奏楽を演奏して、宇宙空間にある「ヒト」や「モノ」に働きかけるのだ。

走ったり歩いたり、手や口を動かして食事をしたり、話したり、畑を耕したり、サッカーをしたりトランペットを吹いたりするのは、すべて宇宙空間において「キミ」の体が為す【世界の実践】活動である。そしてその活動は、〈キミ〉にあらわれた【感じた世界】または【記号の世界】のもとになされるのである。「キミ」の体は、〈キミ〉の世界に促されて世界の実現をはかる実践活動を、宇宙空間で始めるのである。

ここで急いで言っておかなければならないことがある。〈キミ〉に世界があらわれなくても、「キミ」は無意識のうちに行動を起こすことがある。第三章、第四章では話が複雑になるため説明を省いてきたが、ここでそれを明らかにしておく。

【感じた世界】は信号の三項関係により世界が創発し、【記号の世界】は記号の三項関係により世界が発現した。しかし実は信号の三項関係や記号の三項関係が進行しつつも、世界があらわれるには至らない世界の前段階、いわば無意識下の世界がある。本書はそれを原世界とする。「キミ」の体が為す宇宙空間における実践活動は、世界があらわれる前の原世界の段階、つまり無意識状態においてなされる場合があるのだ。原世界という言葉こそ使われないが、無意識下の行為・行動は、すでに19世紀末頃から心理学の重要なテーマとして研究されてきたのだ。

もうひとつ大切なことを述べておく。「キミ」の体が宇宙空間で手や足や口を動かして実践活動を為すことは、その結果宇宙を攪乱《かくらん》して宇宙空間にいろいろな影響を与えることとなるが、物性態である体は、その活動を一切認識できない。認識するには、〈キミ〉が宇宙の外にあらためて〈イミ・カチ〉の【感じた世界】または【記号の世界】を吹きださなければならないのである。以下に具体例をあげて説明する。

外科医がモニター画面を見ながら、手指で器具を器用に操作して内視鏡手術をしたり、潜水艦の艦長が潜望鏡を上げて海面を見ながら、乗員に操舵や魚雷発射を指示したりする場面を考えてみてほしい。外科医や艦長は、内視鏡や潜望鏡を手指で操作して、〈ミ〉たい世界の様子を見るが、そこに宇宙そのものがあらわれていると考えると、過去に多くの哲学者が陥った過ちを繰り返す。〈ゲカイ（外科医）〉や〈カンチョウ（艦長）〉にあらわれているのは、宇宙そのものの一部分ではなく、それぞれが【感じた世界】なのである。

つまり〈ゲカイ〉や〈カンチョウ〉は、宇宙から吹きだしてあらわれた【感じた世界】を〈ミ〉ながら、宇宙空間に働きかけるべく、いままで培ってきた経験を加味した写生世界や創作世界、すなわち【記号の世界】を制作し、そのもとで「ゲカイ」は画面すなわち【感じた世界】を見ながら、自身の手指で内視鏡の機材を器用に動かし、「カンチョウ」は、海上彼方の敵艦のあらわれすなわち【感じた世界】を〈ミ〉ながら、魚雷発射担当の乗員に口頭で方向や距離を伝えて、発射の命令を下すのである。

これは特殊な事例と思うかもしれないが、じつは「キミ」の目は、内視鏡や潜望鏡を通さない通常の状況において、内視鏡や潜望鏡と同じ役割を果たして、【感じた世界】を創発しているのである。「メ」自体は、内視鏡や潜望鏡と同じく宇宙空間に実在する物性態である。しかしその「メ」を通して〈キミ〉が〈ミ〉る世界は、既述の通り、信号の三項関係のもとで宇宙から宇宙の外に吹きだした、【感じた世界】なのだ。

内視鏡や潜望鏡のような器材を介してはいないが、〈キミ〉は「モノ」である「メ」という器材を使って、内視鏡や潜望鏡とまったく同じことをしているのである。「モノ」としての「メ」は宇宙にあるが、〈キミ〉は宇宙そのものを〈ミ〉ているのではなく、宇宙から吹きだして広がった〈キミ〉が認識した世界を〈ミ〉ており、第一章（17ページ）の図で言えば、「キミ」から吹きだした逆円錐のなかに、〈キミ〉が〈カンジ〉た景色の広がりを〈ミ〉ているのだ。

つまり〈キミ〉や〈ボク〉が、【世界の実践】を行うということは、「メ」に外科医の内視鏡カメラや、潜水艦の潜望鏡の役割を果たさせて、宇宙空間の在り様を〈キミ〉の【感じた世界】に吹きだし、その【感じた世界】のあらわれにしたがって、宇宙空間に実在する「モノ」である「キミ」の「ノウ（脳）」が、「キミ」の「テ」や「アシ」にしかるべくはたらきかけ、行動を促すのだ。

これはいかにも奇妙にきこえるかもしれないが、これが正しいのだ。いままで哲学が語ってきて、それが世間一般の常識となっているものの見方と、宇宙に向けての実践活動のあり方は誤り、と言って悪ければ正確さに欠けるのである。繰り返すが、〈キミ〉は物性態である「メ」を通して、〈キミ〉にあらわれた宇宙外の世界を〈ミ〉ながら、「キミ」の「ノウ」に命令を下し、その「ノウ」が「テ」や「アシ」や「クチ」に動作を促して、宇宙に向かって【世界の実践】を為すのである。

「体」は、〈キミ〉にあらわれた世界のもと、真っ暗闇の宇宙のなかで忠実にはたらく。そしてそのはたらきを指示し確認するのは、「キミ」の「メ」を通してあらためて宇宙から宇宙外に吹きだした、〈キミ〉の【感じた世界】なのである。何度も述べたように、〈キミ〉は宇宙そのものを直接は〈ミ〉ていないのである。

宇宙空間のなかだけで「生」を生きる「キ（木）」は、ただ物化反応によって受動的、消極的に「生」を生きるだけである、と第二章で述べた。その点から言うと、同じく宇宙空間を生きる「トリ」や「ムシ」は、宇宙外に【感じた世界】を吹きだして、その世界のもとで宇宙に実在する「ハネ」や「テ」や「アシ」を運動させて、宇宙空間を撹乱しながら、能動的、積極的な「生」を生きるのである。

さらに「ヒト」の場合は、たとえば戦争を例にとれば、国家の最高意思決定権者が敵国に核爆弾を落とす決断をし、その命令を軍司令官に伝達すると、軍司令官は命令に従い、担当の部下に核爆弾発射の【世界の実践】を指示する。命令が実践されると、原爆投下とともに地球上には放射能の拡散というとんでもない物化反応が生起し連鎖して、破滅的な災厄が広がっていくのだ。

これは最高意思決定権者に発現した、核爆弾を使用するという【記号の世界】が、「言語実践」によって次々と部下に伝えられ、最後に投下を命令されたものが、宇宙に向けて「行動実践」をすることによって、原爆が投下されるということなのである。そのあとはヒトが関与しなくても、宇宙内で物化反応が次々と連鎖して、放射能が地球上に拡散し、被害が広がっていくことになるのである。

「ヒト」の【世界の実践】に端を発する宇宙内物化反応の連鎖が、核戦争の脅威のみならず地球温暖化や気候変動など、地球環境の危機的状況を招いている。人類はいまや、温室効果ガスの排出やプラスチックゴミの投棄など、一人一人の些細な【世界の実践】が集積されることによっても災厄に見舞われるという、危うい時を迎えているのである。

近代哲学においては、存在論の観点から見ると唯物論と唯心論の立場があり、認識論の観点から見ると実在論と観念論の立場があったことは、よく知られている。この立場の違いはそもそも宇宙と世界を意図的に、または無意識のうちに混同し、それぞれの見解のもとで、唯物論と唯心論、実在論と観念論の対立を続けたところから生じたのだ。

本書がこれまで論じてきたとおり、宇宙は物性態（「モノ」と「エネルギー」）のみから成り立っており（唯物論）、ヒトはその物性態の実在を、本章次節で証明する「宇宙空間における物性態の実在証明」のもとで確信する（実在論）。これが唯物論・実在論の論拠である。しかしすでに述べたように、一方で世界は、認識主体・世界解釈態という〈ココロ〉にしかあらわれず（唯心論）、世界にあらわれるのは、宇宙外に吹きだした〈イミ〉〈カチ〉という認識であり観念だけである（観念論）。これが唯心論・観念論の論拠となる。この図式を理解すれば、宇宙と世界との関係、つまり唯物論・実在論と唯心論・観念論との関係は、両者の立ち位置の違い、つまり宇宙に焦点を当てるか、世界に焦点を当てるかの違いだけであることが明白に理解されるのである。

哲学は過去、存在論、認識論、実在論や、論理学、倫理学、実践哲学、心の哲学など、いくつかの分野に分けて語られてきた。本書はそれらを、宇宙と世界と生命（当然ヒトが主役）の連関のもとに、総合的に捉える。

ちなみに存在論は、第一章の図（17ページ）の【感じた世界】にあらわれる〈カンジ〉と〈イミ・カチ〉および【記号の世界】にあらわれる記号の〈シルシ〉と〈イミ・カチ〉によってあらわになる、もろもろの「存在」に関する哲学である。認識論は、ヒトがその2つの世界を認識することについての哲学である。実在論は、宇宙空間に実在する物質・エネルギーを記号化して【記号の世界】に語り込む、いわゆる科学哲学を主たる領域とする哲学である。論理学は、【記号の世界】を制作する際の制作のルール、すなわち文法や論理や数学についての哲学である。そして倫理学、実践哲学は、宇宙に向かって【世界の実践】を為すことの善悪、正義・不義、当不当に関する哲学である。

こう考えることによって、これまで分野に分けて論じられてきた哲学は、ヒトの生命活動との関連において、はっきりとその地位が定められ、難解でとっつきにくかった哲学も、それぞれがわかりやすく位置づけられるようになるのである。

さて第一節の概説を終えて、【世界の実践】の本論に入る前に、ここでどうしても取り上げなければならない問題がある。「宇宙空間における物性態の実在証明」である。本書はこれまで、宇宙空間における「モノ」と「エネルギー」の実在については仮定しただけで、その実在・非実在については何も触れずにきた。しかし宇宙内に「モノ」や「エネルギー」が実在することが証明されなければ、本章の宇宙に向けての【世界の実践】の議論は一切無意味となってしまう。そこで本書は【世界の実践】について論ずるに先立って、ここで必要に迫られて、「物性態の宇宙内実在の証明」に挑むこととする。

この証明は、【記号の世界】の中だけで果たせる幾何学や論理学の証明問題とは異なり、宇宙空間において、「キミ」が【世界の実践】を為すことに焦点を当てて、解を導かなければならない証明問題なのである。そのような次第で、本書はこの証明を、【世界の実践】を扱う第五章にまで持ち越さざるを得なかったのだ。

第二節　物性態の宇宙内実在証明

本節は、〈キミ〉が制作する【記号の世界】には、〈キミ〉や〈タニン〉が記号を付しただけの、宇宙に実在しない物性態もどき、たとえばキマイラやペガサスや八岐大蛇《やまたのおろち》やサンタクロースやシャーロック・ホームズなどなどが数多ある中で、真に宇宙に実在する物性態の実在の根拠がいかにして確保されるかについて論じる。ヒトが宇宙にむけて【世界の実践】をなすことを真正面から取り扱う本書にとっては、この証明は必須の証明となるのである。

カントは、物自体は不可知であるとした。本書も、物自体の可知化は不可能なことに同意する。そのうえで本書は、不可知ではあっても、種々の物性態が宇宙内に実在することを証明しなければならないのである。

一般に幾何学などの数学の証明や、物事の存在の証明は、記号の操作よって為される。近代を代表する哲学者であるデカルトやカントの「外界の存在証明」やウィトゲンシュタインの「確実性の問題」には、物性態の宇宙内実在問題への取り組みが見て取れる。しかしこの三人の取り組みには、それぞれ瑕疵《かし》があるのだ。

本書はこれから、カントとデカルトの「外界の存在証明」、およびウィトゲンシュタインの「確実性の問題」を、「宇宙空間における物性態の実在証明」と正確に問題を捉えなおしたうえで、しかるべき物性態が宇宙空間に実在することの証明の途につくが、その前にデカルト、カント、ウィトゲンシュタインの取り組みを確認し、それぞれの瑕疵を指摘しておく。

（ⅰ）デカルトは、あらわれてくるありとあらゆる「物」すべてを疑っても、それを疑っている「思考する精神としての我」の存在は疑うことができないことを明らかにした。すべての存在者の存在は疑えるかもしれないが、それらの存在を疑っている「精神としての我」の存在だけは、疑うことができないと主張したのである。第三章第二節ですでに触れたが「疑っている我」が存在しなければ、疑うということ自体が成立しないという理屈からである。この言に関しては、これまで誰からも異論が出ていない。

デカルトはそこから、「我」と対置させたもうひとつの実体、すなわち「延長としての物」（本書で言う物性態）の存在証明を試みる。これがデカルトによる「外界の存在証明」で、じつはこのデカルトの証明には問題があるのだ。以下に記す。

デカルトはこの証明の前に３種類の「神の存在証明」を行う。デカルトにとって「外界の存在証明」の前提として、神の存在証明が必須だったのである。以下野田又夫著『デカルト』（岩波新書１３４ページ）から引用する。

『では物質的世界の現存を我々に明示する事実は何か。それは感覚において我々の受ける外的拘束感である、とデカルトはみとめる。感覚は、物からの因果作用を、我々がいやおうなしに受け取るところに生まれる。あるものを感覚しようと意志しても、思うままの物が感覚しうるわけではない。またあるものを感覚しまいと意志しても、「私の承認なしに」感覚は生ずる。感覚に対してわれわれのもつ、こういう受動性（被拘束性）にうながされて、我々は、それの原因として、我々の外に何らかの物体が現存すると信ぜざるを得ない。そしてこのことに関して神がわれわれをあざむいているはずはない、という』（傍点筆者）

ここでデカルトの言う「感覚に対してわれわれのもつ、こういう受動性（被拘束性）にうながされて、我々は、それの原因として、我々の外に何らかの物体が現存すると信ぜざるを得ない」という言辞は、どう考えても「証明」になっていない。そのためかデカルトは上記を補って、「（物体の現存に関しては）神が我々をあざむいているはずはない」と付け加えるのだが、当時の時代背景にあってはともかく、神の存在そのものが大きく変化したいまとなっては、これを加えても、それが正当な証明になることはあり得ないのである。

野田氏は、同書の20節「外界の存在」の最後で、「〝物質的世界の存在証明〟におけるデカルトの問題は、我々の言葉で言えば、新たな数学的自然学が我々の感覚する世界を超えて立てる世界は、一体真実にあるものか、という問いであります」と言い「デカルトはもちろんそれを肯定する」とするのだ（同書135ページ）。

ここまででお分かりのとおり、デカルトは、外界に物質的世界が真に存在すること、すなわち〝物質的世界の外界存在〟を、神は我々を欺かない、という信仰の力にゆだねてしまったのだ。外界の存在を肯定する根拠は、「神が欺くはずがない」という以外に何も示されていないのである。ありていに言えば、外界の存在は、神あっての存在なのである。これがデカルトの「外界の存在証明」なのだ。

(ii) カントは、現象は、物自体が外界に実在することによりあらわれるが、物自体がいかなるものかは不可知であるとした。そのカントの考えを『カントと物自体』(エーリッヒ・アディッケス著　赤松常弘訳　法政大学出版局　叢書・ウニベルシタス　1974年)から簡単に紹介する。翻訳者の赤松氏の解説によれば、著者のアディッケス(1866~1928)は著名なカント文献学者である。同氏によれば、アディッケスは一生をカント哲学の研究に捧げた、広義の存在論的なカント解釈の学派に属する人物である。彼は長年にわたる文献学的な検討のもと、特に遺稿の詳細な分析に裏づけられた主張を展開した学者、と紹介されている。

著者アディッケスは、著書『カントと物自体』の冒頭で、「カントは、批判期全体にわたって、我々の自我を触発する多数の物自体が主観を超えて存在することを、絶対自明なこととして一度も疑ったことがないと私は確信する。」と書く(5ページ)。さらに15行ほどあとに、「それ自体存在するものの存在に関しては、まったく自明なのである！　その存在はカントにとっておよそ問題とならない。如何なる仕方にせよ疑いのかけられるものではない。現象という概念は、それに物自体が対応しないなら、まさしく無意味となるだろう。ところでしかし直ちに付加されるのは、（理論的）認識可能性に関する諸制限である。すなわち我々は物自体についても何も知らない。あらゆる直感が欠けており、したがってまた、認識のあらゆる可能性が欠けている。（傍点原文）」とする。

これは（ⅱ）の冒頭で述べたことと同じことである。以下煩瑣《はんさ》にならない程度にこの内容を敷衍《ふえん》して、後で論じる物自体（物性態＝X）の宇宙内実在を証明する際の参考に供する。

アディッケスは、ヒトにあらわれるカントの言う「現象」は、そのもとに「物自体」が対応していないなら無意味であることを、カントの多くの著作の種々の場面における言辞を抜き出してきて、「これを見よ」とばかりに語りかけてくる。

たとえば『人倫の形而上学の基礎づけ』（ⅳ451）では、現象と物自体の区別がひとたび意識にもたらされるとき、「そこからおのずから帰結するのは、現象の背後になお現象でない他の或るもの、すなわち物自体を容認し想定せねばならないということである。ただし、物自体はわれわれには知ることができず、知られるのはそれらがわれわれを触発する仕方だけであるから、われわれはそれ以上それらに近づくことができず、またそれらがそれ自体なんであるかは知ることができないことに、自ら甘んじなければならない」などなどである。

この例のような引用を多数行った後でアディッケスは、「物自体の存在に関しては、カントにはおよそ問題は存在しないのだ。かれにとっては、物自体の存在は証明されない前提である。かれはこの前提から出発する。あたかもそれがもっとも確実な、証明された根本命題と同じほど確実なものであるかの如くに、それから出発する」（同書12ページ）と言う。

ところで、カントは物自体の外界存在を証明したと言えるのか。ただ本人が確信しただけだったのではないか。「カントにとって、物自体の存在は証明されないが、根本命題と同じほど確実な、カント哲学の出発点であった」と記しているから、アディッケスは証明されていないと考えていたに違いない。

カント自身も1781年の『純粋理性批判』初版を書き換えた1787年の第2版で、この問題について「観念論の論駁」という1節を書き加えて、外界存在を物理的時間論のもとに説明しようとしていることからして、物自体の外界存在については問題意識をもっていたと考えられる（『カントの時間論』　中島義道著　講談社学術文庫　9観念論論駁159ページ以下）。

ここでアディッケスが『カントと物自体』に書いているなかで、特に重要と考えられることについて引用しておく。

「カントが、我々を触発する物自体は多数だと躊躇なく語っており、現象の各々に物自体が対応すると、はっきり考えていることも明らかである。だからかれは、事実上、単一性、数多性、実在性（現存在）、原因性といったカテゴリーを、それ自体において存在するものに適用している」（13ページ）。

すなわちカントは、物自体は知ることができず、近づくこともできないが、それはデカルトが言う宇宙のような抽象的な幾何学的構造の存在ではなく、具体的な「現象」に対応するはっきりした物自体の数々がある、と考えていたことになる。

しかしただ考えていただけで、証明していないのなら、カントもデカルトと同様と言わざるを得ないのだ。

（iii）ここからは、（i）の野田又夫の『デカルト』、（ii）のE・アディッケスの『カントと物自体』と同じように『ウィトゲンシュタインはこう考えた』（鬼界彰夫著　講談社現代新書2003年7月刊行）の『第五部「私」と言語――ウィトゲンシュタイン最後の思考〈1949～1951〉』を参照しながら論じていく。

結論を先に記すと、このあとすぐに述べる、「ここに一つの手がある」のは「確実」だとしたウィトゲンシュタインの「確実性の問題」の最後の思考の「ここ」は、宇宙空間におけるある場所「ココ」ではなく、【感じた世界】にあらわれた〈ココ〉の証明であることを指摘したい。つまりウィトゲンシュタインの「確実性の思考」は、「宇宙に一つの手があるのは確実だ」

ということの証明、すなわち「物性態の宇宙内実在証明」ではなく、本書17ページ、93ページの図の【感じた世界】のなかの〈ココ〉（逆円錐の中）に〈テ〉を〈カンジ〉るということの証明でしかないと指摘したいのである。

この指摘は、本書の【感じた世界】が宇宙の外に吹きだすという主張のもとで理解が可能になるのである。従来の哲学は、知覚や感覚があらわれる場所と、宇宙空間との関係があいまいなため、気付きがなされなかったのだ。

ウィトゲンシュタインの最後の思考は、G・Eムーアに語りかける、次のような風変わりな書き出しではじまる『確実性』の思考であると、著者の鬼界氏は記す。それは、「〝ここに一つの手があるということを君が知っているのであれば、それ以外のことについてはすべて君の主張を認めよう〟（§1）」とはじまる。鬼界氏は、「『確実性』とは、ウィトゲンシュタインとムーアとの哲学的対話なのである」と書き（同書362ページ）、「それゆえ『確実性』を正しく理解するためには、ムーアの当初の問題提起が何であり、それをウィトゲンシュタインがどのように受け止めたのかを知らなければならない」（同書363ページ）とする。そのうえで、鬼界氏は『確実性』に登場する主な命題を「ムーア命題」として、次のとおり列挙する（同書364ページ）。

ここに手がある
地球は私が生まれる前から存在した
私は月に行ったことがない
あれは木である
私は今椅子に座っている

そして「こうした命題を、ムーアは自分が確実に知っていることの例として示したのだが、ウィトゲンシュタインはここから、３つの問題をあらたに引き出す」（同書３６４ページ）とする。

第１の問題は、確実性の命題のなかには①伝統的に哲学で重視されてきた、数学的命題の確実性（本書で言うと、宇宙空間や【感じた世界】がかかわることのない、【記号の世界】のなかだけで完結する、論理的数学的命題の確実性）と、②自己の意識状態を記述する命題の確実性（本書で言うと【感じた世界】の確実性）、の①②とは異質な、③そのほかの確実性の命題、があること。本書もこの①②の命題の確実性については完全に同意する。

第2の問題、第3の問題については本書の論点とかかわりがないので、省略するが、鬼界氏はこれら第1、第2、第3、の問題に、ウィトゲンシュタインがどのように対峙《たいじ》し、最後にどのような問いかけを行って、言語の根底に向かってどこまで突き進んだかについて、同書の最後の50ページでエキサイティングに論を進める（同書　3『確実性』の思考　369〜417ページ）。

ここからは、上述の第1の問題における①②とは異質な、③そのほかの確実性の問題について議論を展開する。本書は、前掲ムーア命題で、ムーアが確実に知っているとした諸命題（鬼界氏によれば、「ウィトゲンシュタインも最終的にはこれに同化した。（同上362ページ）」の前提となっている、「ここに一つの手がある」という命題の「ここ」とは「どこ」のことかを問いたいのである。

まずデカルトもカントも、物性態の宇宙内実在については、神の「誠実」（デカルト）や「根本命題」（カント）として宣言しただけであり、物性態が真に宇宙に実在することの証明は、いまだになされていないことを思い出してほしい。

またいつもの通り、第一章の図（17ページ）を参照する。「タニン」を「ムーア」とする。「ムーア」という物性態が宇宙内に実在したのは、誕生日の1873年11月4日から逝去日の

1958年10月24日までである。この間ムーアが宇宙内（地球上）に実在したことが証明されなければ、「地球はムーアが生まれる前から存在した」や「ムーアは月に行ったことがない」などは確実どころか無意味な命題になってしまう。本書は「ムーア」のような「タニン」の宇宙内実在の証明を、これから行うが、それまではムーア自身は宇宙内に実在したものと仮定しておく。

ところで〈ムーア〉は、「私はここに手があることを知っている」という命題をどこにあらわにしたのか。それは、発言した当時宇宙空間にいた「ムーア」から吹きだした、〈ムーア〉の【記号の世界】のなかしか考えられない。なぜならその命題は、当時〈ムーア〉によって創作された【記号の世界】なのだから。

では血あり肉あり骨ありの、ムーアの本当の「テ」（手自体）はどこにあったのか。それは〈ムーア〉の【記号の世界】の記号の連鎖にではなく、当時の宇宙空間における物性態「ムーア」の実在した黒丸の場所に宇宙内物性態としてあったとしか考えられない。一方で〈ムーア〉に〈ミエ〉ている〈テ〉はどこに〈カンジ〉られてあったかというと、それは「ムーア」から吹きだして広がった【感じた世界】のなかに、〈カンジ〉と〈イミ・カチ〉として〈ミエ〉てあったはずである。

この両者の存在の形式は、明らかに異なる。前者は宇宙内実在だが、17ページの図において、地球上の「ムーア」〈タニン〉の黒丸の場所にあることは、「ムーア」を含む誰によっても、認識されず、そこから実在が証明されることはない。それはカントの言う不可知な物性態なのである。そして後者は〈ムーア〉の【感じた世界】の中に、〈カンジ〉としてあらわれ、それが写生世界化されると右側の【記号の世界】に「ここに手が見える（または感じる）」と文章化されてあらわれるのだ。それは本書の表記法では〈ココにテをカンジル〉と表記された【感じた世界】にしても、「ここに手を感じる」と表記された写生世界にしても、何度も言うとおりいずれも物性を有しない、〈カンジ〉や〈シルシ〉と〈イミ・カチ〉をあらわす〈テ〉なのである。

ヒトの場合に限って、上記の2つは、どちらも記号を操作した【記号の世界】にあらわにできる。ひとつは【感じた世界】（この場合は五感世界としての〈テ〉）が記号化されて、写生世界としてあらわれる。正確に写生化すれば、（ボクにとって）「これは手に見える」「これは手として見える」「これを手として感じる」「ここに手を感じる」などの記述となる。

そしてそれが【記号の世界】の中の創作世界に変化すると、〝ここに手がある〟または〝これは手である〟さらには〝ここに手があることを知っている〟〝これは手であることを知っている〟となる。こうなると、〈ムーア〉から吹きだして広がってあらわれた【感じた世界】のなかの特定の場所である〈ココ〉が、宇宙空間における不可知の場所「ココ」と区別がつかなくなり、【記号の世界】においては、そのどちらを指すのかわからなくなるのである。ただし宇宙内の「ココ」は誰にとっても不可知な「ココ」であることには変わりがない。

さらに、〝ここに手があると仮定しよう〟といった場合のように、【感じた世界】でも宇宙内実在でもない、単に【記号の世界】に思考上あらわにされた仮定の〝手〟ということもありうるので、【記号の世界】において記述される命題「手」の本来のあり場所が、①宇宙空間か②【感じた世界】内か、③単に【記号の世界】内だけにあるのか、いったい3か所のうちのどこなのか、という厄介な問題への対応を迫られることとなるのである。

ここではこの厄介な問題には踏み込まない。これから本書は、宇宙内に実在する「テ」が、【記号の世界】の中に正当に記述されること、すなわち「物性態の宇宙内実在の証明」を試みるが、その前に、前掲同書からもう一か所引用しておく（以下同書376～377ページまで）。

自分の手に関して「ここに手がある」ことが不確かな場合、自分の目で見るものが本当のことだと信じられるだろうか。これが、ウィトゲンシュタインが提起した疑問である。

彼は次のように述べる。

もし盲人に「あなたには手が二本ありますか」と問われたなら、私は手をみることでそれを確かめはしないだろう。もしこのことを少しでも疑うというのであれば、どうして自分の目を信ずべきなのか私にはわからない。というのも、手が二本見えるかどうかによって自分の目をテストしていけない理由があろうか。何が何によってテストされるべきなのか。(何が不動なのかを誰が決めるのか)

そしてこれこれが不動であると言うのは何を意味するのか。(『確実性』§125)

私に二本の手があるということは、通常の状況下では、それに対して私が見つけうるどんな証拠に劣らず確かである。

それだから、私は手を見ることをそれの証拠とできないのである。(『確実性』§250)

ウィトゲンシュタインは、言葉の使い方さえ間違えなければ、〈ココにテをカンジル〉という絶対確実な〈カンジ〉から、「ここに手がある」という命題を導くのは、疑うことができないほど正しいし、疑うこと自体意味がないほど確実だと言いきる。

しかしながら、これをもって【感じた世界】を写生世界化した記号存在だけでなく、宇宙内に「テ」が実在することまで確実だと言いきってしまうのは誤りではないか。これはカントの、「現象のもとには、物自体が根本命題と同じほど確実に存在する」という言い方と同じレベルで、正当性を欠く話をしているのではないか。

宇宙空間に「手がある」というためには、〈テがミエル〉またはそれを写生化した写生世界としての「手が見える」だけではない「ナニカ」が必要なのではないか。そしてそれは、宇宙空間において【世界の実践】を為す「テ」ではないかと筆者は考えるのである。

それ自体を誰も直接〈ミ〉ることはできないけれど、それは宇宙空間に【世界の実践】をする「テ」として実在するのだ。だからこそ〈ココ〉に「手が見える」ならともかく「ココ」に「手がある」という場合には、その「テ」が宇宙内に実在することを証明する必要があるのだ。

しかし〈ミ〉える〈テ〉ではない「ボク」の身体の一部としての「テ」、「ボク」の道具としての「テ」、鉄棒にぶら下がったような場合には、「ボク」を支える「テ」、そしてさらには「テ」や「カラダ」を支える「テツボウ」も、宇宙空間に宇宙内物性態として実在することは、ウィトゲンシュタインの「確実性の問題」では証明されていないのだ。

ウィトゲンシュタインは、【感じた世界】において触覚として、たとえば右手が左手を〈カンジ〉る〈テ〉と、視覚として目が〈カンジ〉る〈テ〉を比較しているだけで、本来比較すべき、触覚や視覚で〈カンジ〉る〈テ〉から、宇宙内に実在する「テ」、つまり「テ」の宇宙内実在の確実性を導くという証明はしていないのだ。その点では、ウィトゲンシュタインも、デカルト、カントと同類と筆者は考えるのである。

本書はここまでずっと、記号によって仮称・僭称された物性態に該当する物性態＝X（物自体）が、宇宙空間に実在するという仮説のもとに論を展開してきた。ここまでは、この仮説の証明を行うための準備として書いてきたのだ。ここからは、「物性態の宇宙内実在証明」に入っていく。

宇宙内に実在するかどうか不明であり、さらにカントが不可知とする物性態＝X、が宇宙空間に実在することを証明する必要が生じたとき、その方法としてまずは宇宙内に絶対確実に実在する物性態＝X^1の実在証明をして、そこからその他の一般的な物性態$X^2$$X^3$等の実在を順次証明していくという方法が考えられる。

デカルトは前述した通り、神の存在証明をしたうえで、その神の名のもとに宇宙内に諸々の物性態が実在することの証明をした。しかし神の名のもとでの物性態の実在は、いまや証明としては認められない。そこで本書は、神に代わって宇宙内に絶対確実に実在する物性態Xを探すことからはじめる。

本書は、「我思う」の「我」（デカルトのいう〈精神〉、本書では〈ワレ〉）のもととなった、宇宙空間における物性態「ワレ」（デカルトのいう体）を、宇宙内実在が絶対確実な物性態の

候補とする。「ワレ」は血あり、肉あり、骨ありの物性態「ワレ」である。この「ワレ」の宇宙内実在の確実性が証明されれば、そこから連鎖的に、宇宙内に実在する物性態の存在証明をしていくことが、可能となるからだ。ということで、これから物性態「ワレ」は宇宙空間に実在することの証明に取りかかる。

野田氏は前述した著書『デカルト』で次のように書く。

「〝考えるわれが存在する〟ことは、〝物体が存在する〟とか〝私の身体が存在する〟ということとは全くちがったことである。そのことを『方法序説』はきわめて強い言葉でのべています。『私は、私が身体をもたず、世界というものも存在せず、私のいる場所というものもない、と想像することはできるが、だからと言って、私が存在せぬとは想定できない』。『私をして私たらしめるところの〝精神〟は、物体から全然分かたれているところのものであり、（中略）たとえ物体が存在せぬとしても、精神は、それがあるところのものであることを決してやめないであろう』」（野田又夫『デカルト』岩波新書１０２ページ。これは第三章第二節で、中公文庫44ページから引用したものとほぼ同じ）。

前にも書いたが、これはすべてを疑うといってもそれらを疑う精神が存在しなければ、疑うということ自体が、成り立たないということから言明できるのである。野田氏が書かれる通り、これはデカルトの極めて強い言葉であり、後の世の誰をも納得させる説得力のある言葉なのである。

また野田氏は、「感覚はたとえば〝見る〟という場合に眼という身体部分なしでは生まれえない。しかるに、考えるわれの直感は、精神が精神を見ることであって、身体からはまったく独立なのである。そこで疑いの過程、すなわち明証の諸段階を感覚・創造・知性と上がっていくことは、みずからの精神を身体から引き離すことにほかならないわけであり、〝考えるわれ〟の存在を確証したことは、精神を身体から引き離しおわったことである。ここで知られた〝われ〟は、身体から、従って他のすべての物体からも独立な〝われ〟であります」とする（同上101ページ）。

ここで留意してほしいのは、「考える我」は身体から精神を引き離すことによって成るということだ。もとの身体がなかったら、精神つまり「考える我」は引き離されようにも、引き離されるそのおおもとがないことになる。ということは精神としての「考える我」が存在することを疑うことができないならば、その精神を引き離すこととなったもとの身体自体がなんらかの形で宇宙空間に実在することは疑えないことになる。つまり精神〈ワレ〉が存在するなら、身体「ワレ」は宇宙空間のどこかに実在することになるのだ。ということで、これまでは宇宙に確実に実在する物性態は一切明らかではなかったが、ここにはじめて、「考える我〈ワレ〉」

が存在することが疑えないならば、宇宙に向けて【世界の実践】を為す物性態「ワレ」の宇宙内実在も確実となったのである。

デカルトは、精神としての〈ワレ〉の存在は疑えないことを導くために、はじめは神の存在を疑ったのに、〈ワレ〉の存在が疑えないことを証明した後になって、結局は神の誠実に頼った。それと同様本書も、デカルトが疑った物体としての「ワレ」の宇宙内実在を、はじめはデカルトと同様疑ったが、精神たる〈ワレ〉が疑えない以上、その〈ワレ〉を分離したもとの「ワレ」が存在することだけは疑えないとしたのである。ここにまずは「ワレ」の宇宙内実在だけは、証明されたのだ。ただしその「ワレ」が何ものかについてはまだ不明のままである。

ここからは、「ワレ」の宇宙内実在をもとに、「ワレ」や他の物性態の性質や他の物性態との関係も含めた、物性態の宇宙内実在を証明する途につくこととする。

①　物性態「ワレ」には、「考える〈ワレ〉」とは異なり、血や肉や骨がある。「ワレ」の肉体を組成するそれらの物性態は、活動主体「ワレ」が宇宙空間に実在するならば、宇宙空間に実在することは確実である。つまり「ワレ」を組成する血や肉や骨、胃や腸、細胞やDNA、「ワレ」を組成する分子や原子も、「ワレ」が宇宙空間に実在することが証明できた

からには、宇宙空間に実在するのである。

② 次に物性態「ワレ」を支える物性態は、すべて宇宙空間に実在する。「ワレ」が屋外で何か作業をしているとき、「ワレ」は「アシ」によって支えられている。その「アシ」は、身体を組成する物性態の一部（血、肉、骨）であるという意味では組成物に該当するが、その「アシ」が「ワレ」を支えているからには、「ワレ」を支える「モノ」としての「アシ」も宇宙内に実在する。さらに「アシ」は「ダイチ」によって支えられているから、「ダイチ」も宇宙空間に実在することになる。

「ワレ」が宇宙空間に実在すると証明されたことに伴い、「ワレ」を支える「アシ」や、さらにそれを支える「ダイチ」は、宇宙空間に実在することとなったのである。そして「ダイチ」を組成する、たとえば土や砂や石や水などの物性態も、すべて「ダイチ」の構造の一部であるから、宇宙空間に実在することになる。

③ 次に物性態「ワレ」が宇宙内での【世界の実践】のために使用する道具は、すべて宇宙空間に実在する。「ワレ」は行為をするとき、たとえば食事をするとき「テ」を使う。そのとき肉体の一部である「テ」は道具として使われて、料理を口に運ぶ。

「テ」は「ハシ」や「ナイフ」や「フォーク」を持つ。「テ」が「ハシ」や「ナイフ」や「フォーク」を道具として使って、食事という実践活動を為すのである。この時「ハシ」

や「ナイフ」や「フォーク」は「テ」とともに宇宙空間に実在する。ヒトは夥しい数の道具を使うが、それらの道具は使われればすべて宇宙空間に実在するのである。

食べている食事は道具ではないから、この段階では食べ物の宇宙内実在はまだ証明されていない。しかし食材が、「ワレ」の体の素材と同じ原子や分子からできており、その食事によって、「われ」の血や肉や骨ができることが証明されれば、食べ物はすべて宇宙内実在となる。「道具」には、「キミ」や「タニン」や「トリ」や「ムシ」も含まれる。〈ボク〉が〈キミ〉に何かを依頼したり、命令したりして、それをもとに「キミ」が〈ボク〉の意を体して行動を起こせば、「キミ」は〈ボク〉の道具存在として宇宙空間に実在することになる。「トリ」や「ムシ」も、それらを道具として使って、たとえば籠の「トリ」を鳴かせて、鳥を集める鳥寄せや、トンボに糸をつけて飛ばせて飛んでいるトンボを捕まえる、トンボ釣りのような虫捕りを為せば、それらの籠の「トリ」や、糸をつけられた「トンボ」は、「ボク」の道具存在として宇宙内に実在する。

ウィトゲンシュタインの確実性の項で問題とした、ムーアの宇宙内実在についても、〈ボク〉の道具存在としての「ヒト」の人脈をたどれば、どこかでムーアにたどり着くし、ムーアの子孫のＤＮＡから血縁をたどっても、宇宙内実在は証明できる。このように、「ワレ」の宇宙内実在により、その「ワレ」が蝶番《ちょうつがい》となって、芋づる式に多くの物性態の宇宙内実在が確保されるのである。

宇宙に向けて【世界の実践】を為す「ワレ」の「チ」や「ニク」や「ホネ」から「ブンシ」「ゲンシ」にいたる身体の構造物性態や、「ワレ」を支える「アシ」や「ダイチ」や「クサハラ」やそれらを構成する物性態や、「ワレ」が道具として使用する「テ」や「ハシ」や「キミ」や「タニン」や「トリ」や「ムシ」などの物性態が、宇宙内実在として認められると、それらの物性態を記号化した、血、肉、分子、足、大地、手、箸、キミ、タニン、トリなどなどの記号があらわす物性態が、宇宙空間に実在する「モノ」として、その地位を確保され、それぞれの記号はそれらの宇宙空間に実在する物自体を称する記号となる。

そして記号によって仮称され、僭称された物性態の宇宙内実在が証明されれば、反証がなされない限り、以後それらは宇宙空間に実在する物性態として扱われることになるのである。

逆に、記号があらわす存在が物性態によって組成されていない場合は、その存在は物性態ではないから、宇宙空間には実在しない。たとえば色や音は、〈キミ〉に【感じた世界】としてあらわれるが、宇宙空間には色や音を組成する物性態は存在しない。色や音は、ある物性態から発した、ある波長の電磁波や空気の粗密波が信号物性態として体外宇宙、体内宇宙を伝播して、最後に信号の三項関係が為されることによって、〈ヒト〉や〈トリ〉や〈ムシ〉それぞれに異なる〈イロ〉や〈オト〉の世界があらわれるということは、既に何度も述べた。つまり〈イロ〉や〈オト〉を組成する物性態は宇宙にはないから、宇宙内に色や音は実在しないのである。とは言うものの宇宙空間に実在する何らかの物性態が、電波や空気の粗密波や原子や分子を信号として発しなければ、それらが〈キミ〉にあらわれることはないのである。

ペガサスやキマイラや八岐大蛇などの想像上の動物も、サンタクロースやシャーロック・ホームズなどの架空の人物も、物性態としての構造を欠く。したがってそれらは宇宙内に実在する物性態ではない。しかしコナン・ドイルによって書かれた『シャーロック・ホームズの冒険』という「ホン（本）」は宇宙内に実在するし、その本に書かれた「シャーロック・ホームズ」という文字は、宇宙内に実在する。シャーロック・ホームズがあらわれるもととなる「キミ」の「記号の記憶」や「感じた記憶」も「キミ」の脳内のシナプスに把持された、宇宙内に実在する記憶物性態である。それらの記憶信号物性態が認識与件・信号物性態となって、【記号の世界】が認識内容・徴義態（〈シルシ〉と〈イミ〉）として【記号の世界】に発現すれば、〈キミ〉にはシャーロック・ホームズがあらわれてくるのである。

これが宇宙空間には実在しない想像上のまたは架空のヒトやモノが世界にあらわれてくるそのあらわれ方なのである。架空のヒトやモノも、宇宙内の「キミ」の脳のシナプスに記憶物性態が実在していれば、それらが活性化されて〈キミ〉の世界にあらわれてくるのだ。

宇宙内実在を確保された物性態は、それぞれが蝶番の役割を果たして、他の物性態の実在証明に貢献することになる。仮称、僭称記号（名）が宇宙内実在を認められると、その記号が宇宙内物性態を称する記号となって、新しい記号の宇宙内実在の確保に貢献していくのである。

こうして宇宙空間における物性態の実在は、「キミ」や「ボク」の宇宙空間に向けた【世界の実践】のもとに、その輪を広げていく。「キミ」や「ボク」の【世界の実践】を考慮しないで、ただ観察や思考だけに基づいて「外界の存在証明」を為そうとした、デカルトやカントやウィトゲンシュタインの試みは、はじめから無理筋だったのだ。本書は、「ヒト」が宇宙空間で【世界の実践】を為すことに着目して、物性態の宇宙内実在が確実とされることを、明らかにしたのである。これからもこの方法によって、宇宙内に実在する物性態は、順次確保されていくのだ。


以上で宇宙空間には、しかるべき物性態が実在することが証明された。ここから第三節以降、第五節にかけて、宇宙内に真に実在する「ボク」「キミ」「タニン」が、物性態が実在することが確実となった宇宙に向けて、【世界の実践】を為すことを論じていく。つまりこれからは、しかるべき物性態は、仮説としてでなく現実に宇宙に実在する「モノ」や「エネルギー」として扱うことが、可能となったのである。

第三節　世界のあらわれのもとで為す　単独行動の【世界の実践】

宇宙に向けた【世界の実践】活動には、「キミ」や「ボク」が単独行動で宇宙に働きかける【世界の実践】と、複数のヒト（場合によっては全国民、全人類）が連帯し、協力して宇宙に働きかける【世界の実践】がある。

多くの動物にとっては、【感じた世界】をもとにした、単独または小集団行動の【世界の実践】が中心となる。一方ヒトにとっては、【記号の世界】の「言語実践」をもととして、ヒトが連帯協力して「行動実践」をなす活動が圧倒的に重要になることを、はじめに述べておく。

本節では、まずヒトの単独行動の【世界の実践】について記す。そして次節第四節で、他者と世界を交感する「言語実践」について論じたうえで、第五節で「言語実践」に基づく世界の交感のもと、複数のヒトが役割分担して【世界の実践】活動を為す「行動実践」について論じる。「行動実践」とは、「キミ」や「ボク」が自ら身体を使って行動することによって宇宙に働きかける【世界の実践】を言う。そして「言語実践」は、〈キミ〉や〈ボク〉が宇宙空間に向かって言葉や記号を語ったり、書きだしたりして、〈ジブン〉と〈タニン〉とのあいだで【記号の世界】を交感する、【世界の実践】を言う。

〈キミ〉の「言語実践」は、多くの「ヒト」に「行動実践」を促すことがある。たとえばカール・マルクスやアドルフ・ヒトラーの「言語実践」(『資本論』や『我が闘争』などの刊行)が、社会主義・共産主義革命や、ファシズムの「行動実践」を喚起し、それがもとになって、20世紀には数百、数千万の人が命を落とすこととなった。これは【記号の世界】の「言語実践」が、ヒトの【世界の実践】活動に、多大な影響をおよぼした例である。

複数のヒトが連帯し、協力して宇宙に働きかける【世界の実践】は、「言語実践」が為されてから、そのもとで各人が連帯し、役割分担したうえで「行動実践」が為されるのが通常のあり方である(これから述べる本章第四節、第五節参照)。

通常でないあり方としては、たとえば時代の雰囲気やその場の状況で、人間が集団催眠のように、熱に浮かされて周囲の動向に巻き込まれ、狂気の行動をしてしまうような場合が考えられる(たとえば関東大震災時の大衆の行動や、数年前のアメリカの連邦議会議事堂襲撃事件や、近年のＳＮＳのフェイクニュースに基づく、移民排斥の突発的暴動事件など）。

宇宙に向けた【世界の実践】には、ヒトを含めた動物一般に見られる【感じた世界】のもとで為す行動と、ヒトに固有とも言える【記号の世界】のもとで為す行動がある。

ヒトに限らず動物は、【感じた世界】のあらわれのもとで、採餌や交合や逃避や攻撃など種々の行動を為す。ヒトも【感じた世界】のあらわれのもとに行動するが、ヒトの場合は動物と異なり【感じた世界】を写生した、写生世界のもとでの行動も多くある。その写生世界からさらに創作世界を制作して、創作世界のもとでの実践活動となる場合もある。

たとえば野球をやっていて、外野手の〈キミ〉に飛球が飛んでくる場面を考えてみる。打者がボールを打つと、〈キミ〉は視覚（ボールの動き）、聴覚（打球音）をもとに、打球の方向と飛距離に見当をつけて、直ちに落下点に向かって走り出す。〈キミ〉の打球の〈ミエ〉、すなわち打球の〈カンジ〉は、「キミ」の動きとともに変化していく。その変化のなかで、「キミ」は打球の落下点に達し、捕球する。上空に強い風が吹いているときなどは、ボールは風に流されて、視覚の相が複雑に変化し、捕球の困難さが増す。この間の打球の動きを捉える〈キミ〉の五感のはたらきと、それに応える「キミ」の全身の筋肉の躍動は、【感じた世界】の創発と、そのもとでの【世界の実践】の連鎖にほかならない。

この連鎖は、〈キミ〉があたかも宇宙内物性態とやりとりをしているように進行していく。〈キミ〉が野原で蝶を採集しようとする時、両足はでこぼこの野原とやりとりしながら蝶を追いかけ、両手は捕虫網という道具と一体となって蝶を捕まえようとする。眼は当然、野原を飛び回る蝶の行く先を追いかけていく。このようにして〈キミ〉は、宇宙空間に実在する物性態とのやりとりのなかで、【世界の実践】を進行させていくのである。こうした行為を、J・ギブソンはアフォーダンスの概念を創設し、駆使して、明快に説明した。

【感じた世界】と【記号の世界】があいまって実践行動がなされる場合の例をあげておく。高級ホテルのブッフェスタイルの食事で、高価な食材が目にも鮮やかにダイニングルームに並べられているのを見ると、お腹を空かして乗り込んだ「キミ」は、あたかもモンシロチョウが蜜を求めて飛び回るように、五感世界のあらわれにしたがって片端から料理を皿に盛って食べるという「行動実践」におよぶ。

しかしある程度食べ終わると、【感じた世界】だけに頼らずに、写生世界を制作して料理同士を比較したり、さらに創作世界を制作してキャビアを捜したり、フォアグラのほうに足を運んだりして、食事を楽しむようになる。やがてはお腹の余裕を考えながら、デザートまでの行程を考え、先ほどおいしく感じた料理をもういちどその行程に取り込んだりすることもある。

この行為は、「キミ」から宇宙外に吹きだした、【感じた世界】や写生世界のもとで、「キミ」が宇宙内に実在する食物に向けて「行動実践」を為し、やがてそれが創作世界のもとでの「行動実践」に変化していく状況を述べたものである。

食べた後は、「キミ」の体内で【代謝と自己複製】がなされ、口から入った食物が、消化吸収されて、筋肉を作ったり、運動をしたりするといった、宇宙空間における身体代謝の物化反応が体内進行して、ホメオスタシスを維持していく。この身体代謝の物化反応は、体内における化学反応であるから、下痢や中毒などの何か異常事態が発生して〈キミ〉の体感世界が創発しなければ、【代謝と自己複製】活動が粛々と進行し、排便・排尿を促す体感世界があらわれるまで、〈キミ〉の知るところとはならない。

〈キミ〉は創作世界を制作することによって、過去や現在や未来について〈キミ〉が思い考えること、宇宙内物性態について〈キミ〉が思い考えること、空想や夢物語について〈キミ〉が思い考えること、その他ありとあらゆる〈キミ〉の思いや考えを、第一章の図（17ページ）や第三章の図2（113ページ）があらわすように、宇宙外に【記号の世界】を吹きだす。

この創作世界をもとに、「キミ」が宇宙に向けて【世界の実践】におよぶ場合には、それらはすべて創作世界に基づく「キミ」の「行動実践」である。〈キミ〉が「イマ」コーヒーを飲みたいと思い、その準備をはじめれば、それは〈キミ〉の創作世界に基づく「キミ」の【世界の実践】活動だし、誰かに電話をしようと思いスマホを取り出せば、それも「キミ」の【世界の実践】活動のなかの「行動実践」である。

〈キミ〉が明日から毎朝ジョギングをしようと決心し、翌朝ジョギングをはじめれば、それは創作世界に基づく【世界の実践】である。明日からタバコを止めようと思い吸わなければ、それはいままでやっていたタバコを吸うという【世界の実践】を止めたことになる。数日後、その禁を破って再びタバコを吸いはじめれば、数日前に創作世界に基づいて制作した禁を破って、再び宇宙に向けて【世界の実践】活動を為すことになる。

単独行動の【世界の実践】は、直接「行動実践」がはじまるだけで、「キミ」は次節で述べる言語実践を為す必要がない。ただ思い考えたり、独り言を発したりして行動するのは、【記号の世界】の制作とそれをもとにした【世界の実践】活動、つまり「キミ」の単独の「行動実践」にとどまり、その場合は「言語実践」をしたことにはならない。

〈キミ〉は〈キミ〉の世界観のもとで【感じた世界】を創発し、【記号の世界】を発現して、「キミ」の宇宙内行動を促していくが、〈キミ〉の世界観の確立に圧倒的に大きな影響を与えるのは、「キミ」が生涯にわたって制作し続ける、〈タニン〉の世界の翻訳世界である。なぜなら翻訳世界の中には、有史以来人類によって培われてきた、人間集団を縛る諸法や諸制度を、〈キミ〉が翻訳して〈キミ〉なりに編纂《へんさん》した、〈キミ〉の世界観の一部となっている世界が多くあるからである。

本節で述べた「キミ」の単独行動による【世界の実践】においても、〈キミ〉が制作した世界、なかんずく【記号の世界】には、自然法則や社会規範や生活慣習など他者によって創られた多くの世界の翻訳世界が籠められており、〈キミ〉は多くの場合は、この翻訳世界のもとで、社会に縛られて【世界の実践】活動をしているのである。ヒトが社会的動物と言われるゆえんである（第二部参照のこと）。

次節では、〈キミ〉がこの翻訳世界を制作して、他者と世界を交感する具体的な場面の描述を試み、さらに第五節で「世界の交感に基づく行動実践」について述べて、第二部に移行していく。

第四節　他者と世界を交感する言語実践

世界の交感とは、２人または２人以上のヒトが、それぞれ【記号の世界】を制作して、それを翻訳世界を通じて互いに交感する「言語実践」を言う。

世界の交感には、2人で行う世界の交感と、多数によって行う世界の交感がある。2人で行う世界の交感は、世界交感の基本となるもので、友人と交わす日常会話や対話、対談などがこれにあたる。互いに相手の【記号の世界】を受けて翻訳世界を制作したうえで、そのもとに自己の創作世界または写生世界を制作し、それを発話することにより世界の交感が進行していく。

2人の間での世界の交感は、私人同士の交感に限られるだけではない。世界の交感の背後に、多くのヒトが控えていることがあるのだ。たとえば国家の首脳が2人で会談する場合、その背後には国民がいるわけで、会談の結果はそれぞれの国民に影響をおよぼすし、企業トップ同士の合併に関する会談や、企業と労働組合との交渉なども、背後に控える関係者に大きな影響をおよぼす。

多数が参加する世界の交感には、話し手から聞き手への一方通行の世界の交感と、多数が互いに世界を創作して交感しあう、多方向の世界の交感がある。

一方向の交感には、演説や講演や講義のように、場を共有して行われるものと、読書や放送の視聴のように、場を共有しないところで進行するものがある。前者の場合は、一方向の話が終了した後で、聞き手が質問したり意見を言ったりして、多方向の世界の交感に変化することがある。終了前でも、野次ったり演説中に割って入ったりして、必ずしも一方通行とは言えなくなる場合もある。

読書や放送の場合は場を共有していないので、世界は一方向の流れになる。受け手は、ただラジオやテレビの話を聞いたり、本を読んだりするだけだから、話し手や書き手の意向や意図を確かめることができない場合が多い。

多数による多方向の世界交感には、座談会や会議や討論会やパネルディスカッションのような方式がある。授業などでも、ゼミのように教師と学生が互いにやり取りをしながら演習を行っていく形式もある。２人で行う【記号の世界】の交感の延長上にある３人、４人が集まってする雑談もこれにあたる。

通常の場合の【記号の世界】の交感は、２人間でも多数間でも、参加者が互いに相手を啓発し、また相手から触発されて新しい発想が生まれ、各自の世界を総合した、よりよい世界があらわれてくることが期待される。

以下煩瑣になるのを避けるため、最も基本的な、２人間の世界の交感に限定して論じる。２人間の【記号の世界】の交感は、次のように進行していく。

〈キミ〉が記号を操作して写生世界または創作世界を制作し、それを宇宙空間に向けて発話する。〈ボク〉は〈キミ〉の発話信号を宇宙空間から受信し、〈キミ〉の世界を〈ボク〉の翻訳世界に変換する。そこでは〈キミ〉がどのような意図や意識をもって発話したか、〈キミ〉の立場に立ってできるだけ正確に世界を変換するように努める。それができた時点で、〈キミ〉の発話した【記号の世界】に関する〈ボク〉が制作した翻訳世界が完成する。あとはその翻訳世界に応えるべく〈ボク〉の創作世界を制作して、それを発話する運びとなるのである。

通常は会話が円滑に運ぶが、〈ボク〉が制作した翻訳世界に大きな誤りがあったり、そうでなくても翻訳世界をもとに〈ボク〉が制作した創作世界が、〈キミ〉にとって理解に苦しむような内容だったりすると、〈キミ〉に混乱が生じる。

会話は、記号の意味や発話の規則だけによって進行するものではなく、互いに本来相手の言うことを完全には理解していないが、なんとなく言いたいことが分かるといったような、微妙なニュアンスのもとで進行していくことが多くある。一方または双方の話の内容に齟齬が生じた場合は、会話がいったん中断する。その際には互いに理解するべく、双方努力したうえで、あらためて世界の交感が為され、会話が進行していく。

2人間の会話や対談や雑談は、話題が変遷していくが、その【記号の世界】の一部を切り取ってみると、一方が何かについて「語りかけ」、他方がそれに対して無言の応答も含めてなんらかのニュアンスで「応える」かたちが頻繁にみられる。

　そのやり取りを、〈キミ〉と〈ボク〉との対話として切り出してみると、概ね次の7つのパターンに類型化される。この類型は、J・Rサールの『言語行為』（勁草書房）および『志向性』（誠信書房）を参考にして作ったものである。

　ここに示す7つのパターンは、構文上のパターンを示すものとは限らない。たとえばはじめに出てくる〈キミ〉が〈ボク〉に〈ナニカ〉を尋ねるパターンは、〈キミ〉が〈ボク〉に「煙草《たばこ》を買ってきてくれない？」とか「なにが不服で、そんなことをするの？」と語る場合は、疑問文すなわち〈キミ〉に尋ねる形式をとりながら、実際には〈キミ〉が〈ボク〉に行為の実行または行為の停止を求めることを目的としている。これらの文は疑問文の形をとっていても、実際は後で述べる行為を為すこと、または為さないことを求める発話に該当するので、以下の①でなく、⑤に該当する。実際にはこのような場合もあるが、これからは内容をできるだけ簡単化して、順次説明していく。

①〈キミ〉が〈ボク〉に〈ナニカ〉を尋ねるパターン。

〈キミ〉が、何か知りたいことを〈ボク〉に尋ね、〈ボク〉が〈キミ〉の問いに対して回答をするか、しないか、またはできかねる場合がある。〈ボク〉が回答しないことによって、〈キミ〉の問いかけを肯定したり、否定したり、回答を拒絶する場合も含まれる。

普通〈キミ〉は、〈キミ〉が知りたいことを、〈ボク〉が知っていると思って、〈ボク〉に尋ねる。それは〈ボク〉の知識であったり、感情だったり、〈ボク〉が過去にした、またはこれから行う行為だったりする。〈キミ〉は〈ボク〉がそれらについて「応えてくれる」(「答えてくれる」)ことを期待するが、期待通り回答が得られるとは限らない。

国会での質疑などを聞いていると、質問とは異なる回答を延々と演説して時間稼ぎをしたり、答えをはぐらかしたり、言質を取られないように、以前回答したのとまったく同じ回答を繰り返すことがよく見られる。

また逆に質問者が答えを知っていて尋ねる場合がある。学校の授業などで先生が生徒に質問する場合がこれにあたる。生徒は、先生が答えを知っていることを承知のうえで、それに合致する解答を考えるという、普通の質問のやりとりとは異なるかたちとなる。入試の口頭試問などはその典型といえる。

②〈キミ〉が〈アルコト〉の真偽に関して〈ボク〉に考えを述べるパターン。

〈キミ〉が、命題や言明や陳述や仮定などの【記号の世界】を制作して、真偽に関する主張を〈ボク〉に語りかけ、〈ボク〉が〈キミ〉の発言に対して、賛否を表明する場合がある。〈ボク〉が質問を行い、それに対する〈キミ〉の回答をもとに、このプロセスがはじまる場合もある。

自然科学における、宇宙空間の物性態の実在や性質や関係についての真偽の論争は、この典型である。

〈キミ〉がある命題などに関して、真か偽か態度を明らかにし、〈ボク〉がそれに対して賛否を表明する場面を考える。その件に関して、〈キミ〉と〈ボク〉との間で意見の一致をみれば、その件はそれで一件落着し、世界の交感は次の段階に入っていく。しかし不一致の場合には、お互いに納得するまで、またはどちらかが妥協して自主的に自分の見解を撤回したり、または強制的に見解を引っ込めさせられたりするまで、世界の交感が続けられる。時には他者や専門家の意見を聞いて確かめることもある。

③〈キミ〉が〈アルコト〉の価値に関して〈ボク〉に考えを述べるパターン。

〈キミ〉が体感世界や情感世界をもとにして、またそれらとはかかわりがなくても【記号の世界】そのものをもとにして、種々の【記号の世界】を作成し、感じたり考えたりした世界の価値について〈ボク〉と語りあうことがある。

たとえば「頭が痛い」「あいつはむしが好かないやつだ」「うれしい!!」「それを聞いて怒り心頭に発した」「子どものころは楽しいことばかりだった」などなどの〈キミ〉の個人的な価値世界の表明から、「このたびの政府の対応は問題だ」「国連の安保理事会は機能不全に陥っているから、緊急に改革を要す」といった天下国家や世界政治に関する意見の表明、「近代は既に終わっている。脱近代の哲学が誕生し、ヒトの考え方が変化しなければ、これからの社会は危機的状況に直面することとなる」といった、哲学や思想上の価値観まで、価値に関わる〈キミ〉の多くの意見を、「キミ」が【記号の世界】を通じて〈ボク〉に語りかけ、〈ボク〉がそれに関して賛否を表明しながら、〈ボク〉の意見を〈キミ〉に語る場合がこれにあたる。

価値に関する世界の交感の中身については、多様であることと、その答えも千差万別であることが多い。ここでは、2人間の【記号の世界】の交感という基本的な世界交感のなかで、価値世界の交感は複雑な問題を孕《はら》んでいることを指摘するにとどめる。哲学のひとつの重要な部門として倫理学があるが、倫理学は主としてこの問題を扱う。礼儀や道徳もこの範疇に入る。

④〈キミ〉が、地位や権威や身分に基づいて、ある事態を確定させるパターン。

〈キミ〉が地位などに基づいてある事態を確定させ、それを発話や文書によって〈ボク〉や他者や、時には〈キミ〉自身に対して宣告または宣言することがある。宣告または宣言が行われると、〈キミ〉によって制作された【記号の世界】は、その時点で少なくともいったんは確定する。

たとえば裁判長である〈キミ〉が、被告である〈ボク〉に刑事罰の判決を下すとき、被告である〈ボク〉には控訴や上告をする機会が与えられるとは言え、いったんは刑が決まる。また野球の審判である〈キミ〉がストライクを宣告すると、当事者であるバッターやピッチャー、キャッチャーはそれを受け入れて、事態はそこで確定する。このような事態の確定は、引き続き次に述べる命令や要請、その次に述べる約束などの行為が起こされる場合も出てくる。

⑤〈キミ〉が〈ボク〉にある行為をなすことを求めるパターン。

〈キミ〉が〈ボク〉にある行為を為すことを求め、〈ボク〉がそれを受け入れ、または拒否する場合がある。それは命令や強要や要請や要望や依頼や請願など、種々の形で為される。

命令には、戦場における上官の突撃命令や、武家社会の切腹の命令のように、命をかけなければならない命令で、なおかつその命令を拒絶することがほとんど不可能なものもあるが、同じ命令でも〈ボク〉の意志で受け入れるかどうかを決定できる、たとえば「煙草を買ってきてくれ」、といった軽い命令もある。冒頭で述べた、質問の形式をとる「煙草を買ってきてくれないか？」は質問の形式をとりながらの命令である。命令は、地位や身分が上位のものから下位のものに対して為されるのが一般的である。

強要には、命令にくらべて非公式で、暴力的なニュアンスがある。たとえその場限りの場合があるにせよ、強要にも命令と同じように地位や立場に上下の関係が認められる。

要請や要望や依頼や請願には、話し手と聞き手の間に命令や強要のような上下関係はなく、その会話が行われる場面次第で、〈キミ〉は〈ボク〉がその行為を為すことを受け入れるような表現を選択して会話をなし、〈ボク〉は〈キミ〉の話し方やその他万般を考慮のうえ、行為の諾否を表明することとなる。

事態の確定に伴って、〈キミ〉は〈ボク〉にしかるべき行為を促すことがある。〈キミ〉が「ストライク！　アウト！」と〈ボク〉に3振を宣告したら、〈ボク〉はバッターボックスから退出しなければならない。

⑥〈キミ〉が〈ボク〉にある行為を為すことを約束するパターン。

〈キミ〉がある行為を為すことを〈ボク〉に約束し、〈ボク〉がそれを受け入れるか否か決めて、考えを表明する場合がある。これには約束のほかに契約や誓いなどがある。

約束には、〈キミ〉の一方的な行為でことが終わるものと、〈ボク〉の行為が必要とされるものがある。たとえば〈キミ〉が〈ボク〉の口座に10万円を振り込むと約束した場合は、〈キミ〉がただ振り込むことによって行為は完了するが、〈キミ〉が〈ボク〉に「銀座で来週夕食をご馳走するよ」と約束する場合は、「キミ」の行為が為される前提として、期日と場所を決めて「ボク」が銀座に行かなければ、約束は成立しない。

贈与のように一方的な行為によって約束がはたされる場合もあるとは言え、契約の場合は、一般的には双務性がある。ナニカをすることを約束する対価として、なにがしかのことをすることが一般的だが、逆に誓いの場合は、双務性より片務性のほうが強くなる。

⑦〈キミ〉と〈ボク〉との人間関係のもとで生じる、前述には含まれない、やりとりのパターン。

ここまでは、〈キミ〉と〈ボク〉との間で、何らかの情報のやりとりや、それに引き続いて互いの行為が導かれる世界の交感をパターン化したものだったが、世界の交感には、それらには含まれない2人の間の人間関係を良好に保ったり、あるいは悪化を防いだり、または決定的な状況に至ることを避けるための世界の交感がある。

要するに、具体的なその世界の交感自体はあまり意味や意義がないような世界の交感であっても、人間関係全体で見るとそれなりに意味や意義があるような場合が、このパターンに入る。たとえば「おはようございます」や「やぁ」と道であって互いに手をあげて行き交うような挨拶は、これまで述べたパターンには含まれないが、それなりに意味がある世界の交感である。

またヒト込みで知らないヒトにぶつかって、「失礼！」とか「ごめんなさい」と言うのもこれにあたる。ヒトは人間関係をぎくしゃくさせないために、実質的には意味のない形式的なやり取りをたくさん行っている。それらはすべてこのパターンに入る。〈キミ〉と〈ボク〉が口喧嘩をするような世界の交感も、いままで述べてきたどのパターンにも入らない。そこでは互いに感情的になってののしりあい、本来の世界の交感に求められる互いの協調関係や協力関係は生まれるべくもない。しかしこれも世界の交感のひとつのパターンではある。

上記で述べたことが「発話」と「応答」だけなら、〈キミ〉と〈ボク〉は互いに宇宙空間に信号を発信するだけであり、宇宙に与える影響は、物質的にもエネルギー的にも小さくて済むが、それに伴い〈ボク〉か〈キミ〉または双方が、宇宙に向けて【世界の実践】活動を実際に為すことが頻繁に起きる。

これについては次節で述べるが、世界の交感によって取り決められた互いの役割を、それぞれが責任をもって遂行していくことにより、人間社会は、鳥や虫の社会とはまったく異なる発展がはかられてきたのである。

言語学は一般的には、統語論（Syntax）、意味論（Semantics）、語用論（Pragmatics）にわけて論議する。統語論は記号と記号の結合のあり方について研究する分野で、いわゆる文法がこれにあたる。意味論は、記号とそれが指示するものとの関係、即ち記号の意味を研究する分野である。統語論と意味論をあわせて文法ということもあり、これらは作成された文そのものの構造や意味のあり方や、その正当性について研究する、主としてソシュールの言うラングに関する研究の一分野である。

それに対して語用論は、記号とその操作主体との関係を吟味する役割を担い、統語論と意味論のもとに、言葉が話し手によってどのように表現され、聞き手によってどのように解釈されるかという、言わば表現術と解釈術について研究する分野である。

「術」という語が示す通り、語用論はその場その場で極めて複雑に絡み合い、変幻自在な様相を呈するやりとりを研究する分野で、理論化が難しい面がある。しかし世界の交感を語用論の見地から考察することは、極めて重要である。

世界の交感は、〈キミ〉と〈ボク〉が置かれた地位や職分の違いによって、異なる言い方が為される。〈キミ〉が〈ボク〉より高い地位や職分にあれば、世界の交感は〈キミ〉が優越的な立場に立ち、〈ボク〉は劣位のもとで行われる。

世界の交感は、当該の話題に関して有する権限の強さ弱さによって、異なる言い方が為される。ある話題について決定権を持つ〈キミ〉は、責任ある立場から話すが、決定権を持たない〈ボク〉が、その話題に関して自分の考えを実現しようとすれば、〈キミ〉を何とか説得し、決定を下してもらうように話さなければならない。

また世界の交感は、当該の話題に関して有する知識の多寡によって、異なる言い方が為される。上述した通り、世界の交感にあたっては、総じて〈キミ〉と〈ボク〉のどちらか、さらに言えば〈キミ〉と〈ボク〉のどちらもが、それぞれ想定した結論が得られるべく、双方が表現力と解釈力を駆使して会話を繰り広げようとするところに、その特徴がある。語用論の語用論たるゆえんである。


世界の交感についての記述はこれでは不充分なことは百も承知だが、独自のアイディアを開陳するにはあまりにも知識が不足しているので、ここまでとする。独自のアイディアがないにもかかわらず長々と記してきたのは、ヒトが言語を用いて世界を交感し、それをもとに互いに連帯し、また役割を分担してことを為す行動が、ヒトをして文化的な生活を為す根源にあり、これが文明を発達させた最大の要因であることを強調したかったためである。

次節では、前述の世界の交感に基づく連帯や役割分担により、各人が行動実践を為すことについて、その基本的な在り方を述べて、第一部の「哲学編」を終了することとする。

第五節　世界の交感に基づく「行動実践」

世界の交感に基づく「行動実践」とは、〈キミ〉が〈タニン〉と、前節に述べた【記号の世界】の交感（「言語実践」）を為したうえで、そこで〈キミ〉と〈タニン〉が互いに制作した翻訳世界をもとに、それぞれが、またはどちらか一方が、宇宙に向けて「行動実践」とされる【世界の実践】活動を為すことを言う。

本書が取り上げた「言語実践」は、ウィトゲンシュタインが言語ゲームと言い、J・L・オースチンや．J・R・サールが言語行為と言ったものに該当する。そこでここではまず、ウィトゲンシュタインが『哲学探究』で使った、石工とその助手によるやりとりを、橋爪大三郎の『はじめての言語ゲーム』から引用しておく。

『…さて、ある言語を考えてみよう。この言語は、石工Aとその助手Bのコミュニケーションのための言語だ。Aは、石材で何かを建てている。石材にはブロック、柱、タイル、梁、がある。Bは、Aが使う順番に、石材をもっていかなくてはならない。このため、二人は「ブロック」「柱」「タイル」「梁」の4語からなる言語を用いる。Aが怒鳴ると、Bはそういう風に怒鳴った場合の石材をもっていく。これを、完全に原初的な言語と考えてみよ。』（『哲学探究』§2橋爪訳）（『はじめての言語ゲーム』講談社現代新書　110ページ）

このウィトゲンシュタインの言語ゲームは、本書においては【世界の実践】に当たるが、これを厳密に言えば、ヒトとヒトとの世界の交感の「言語実践」と、【記号の世界】のなかの翻訳世界のあらわれに基づく、宇宙に向けた【世界の実践】活動すなわち「行動実践」とに、分離して考える必要がある。

説明する。石工と助手の言語ゲームは、細かく言えば石工の発話をもとに助手が翻訳世界を制作して、両者で世界の交感をなす「言語実践」部分と、助手がその翻訳世界をもとに「行動実践」を為す部分とに分けられる。前者が世界の交感の「言語実践」、後者は「言語実践」のもとで助手が制作した翻訳世界に基づく、助手の「行動実践」である。

ウィトゲンシュタインの言語ゲームは、この両者を一体で論じている。しかしこの2つは、厳密に言えば分離して論じなければならないのだ。石工と助手の話は2人間の4語だけの言語ゲームであり、行為もごく単純だから、分離しないほうがわかりやすいが、通常のヒトの社会においては、複数のヒトの間で、複雑な世界の交感が何度も往復される。そのうえで、それぞれのヒトが制作した翻訳世界がその集団内で共有されて、与えられた役割分担のもとで各人が宇宙に向けて異なる「行動実践」を為し、目的達成のための連帯行動が果たされていくのだ。その際世界の交感の場面で、翻訳世界の作成に齟齬《そご》をきたすことがある。それがうまくいっても、誰かが「行動実践」をしくじって、当初の計画が頓挫するようなことも起こり得る。石工と助手の例で言えば、助手が石工の言うことを聞き間違えて、誤った翻訳世界を作成して、誤った石材を運ぶ場合と、正しい翻訳世界を制作したが、「行動実践」の段階で誤って異なる石材を運んでしまう場合があるということである。

前者は受信者の翻訳世界制作の誤りであり、後者は受信者の翻訳世界の作成は正しいが、「行動実践」を誤ったということになる。時には石工が誤った創作世界を制作して発話してしまい、その結果誤った石材が届けられることもあるだろう。

このように【記号の世界】の交感を、【世界の実践】のなかの「言語実践」と、実際に宇宙にはたらきかける「行動実践」とに分けて考えると、ヒトが有する能力が、【記号の世界】をほとんど有しない他の動物に対して、いかに優れたものであるかが、理解できるのである。

ヒトの社会はこの「言語実践」と「行動実践」の組み合わせによって、家族の絆から集落の運営、未知の人の集まりである国家や連邦や国家連合の運営に至るまで、そして法律に基づく政治活動や、貨幣を中心とする経済活動に至るまで、人間集団の機構や機能のはたらきをおおきく広げてきた。それがいまや個々の人間集団の活動領域を、全地球規模にまで拡張することとなったのだ。人間集団を、ただの動物集団から、文化的、社会的集団にまで変化させ、極めて高度な社会を創り上げることとなった根元を為すのは、この活動だったのである。

そうであるならば我々人間は、そろそろ動物として生きるだけでなく、人間集団としてどう生きるかを考えるべく、生き方を転回していったほうが良いのではないか。動物としての本能を抑制して、争いごとを避けながら全人的連帯をはかって、【世界の実践】を為していく、つまりヒトは神の領域を目指して【記号の世界】の発現と、その【世界の実践】活動を然るべくもっと充実させていく頃合いに、いまや差しかかっているのではないか。

言い方をかえれば、人間集団の行動を、近代社会の潮流となってきた、アダム・スミスの「見えざる手」や、マルサスの人口論や、ダーウィンの適者生存の進化論や、近年における新自由主義的行動原理などの英国発のアングロ・サクソン流の動物本能をもとにした社会思潮から、次の段階として、もっと人間同士の連帯や和合を重んじ、倫理を重んじた、動物を超えた「言語実践」に基づく「行動実践」に、人間の生き方を変更してはどうかと思うのだが、どんなものだろう。筆者は、ヒトはそろそろ動物を卒業してはどうか‼　と考えるのである。

「第一部　哲学編」はこれにて終わるが、言語をはじめとする【記号の世界】の制作、交感と、それをもとにした宇宙に向けての多数の人間による【世界の実践】活動については、最後に述べたこととも併せて、第二部で、意識して述べていくつもりである。

蛇足を恐れず最後に、宇宙の外に〈カンジ〉と〈イミ・カチ〉が吹きだして広がる【感じた世界】と、宇宙の外に記号の〈シルシ〉と〈イミ・カチ〉が吹きだして連なる【記号の世界】のイメージ、および【代謝と自己複製】活動と【世界の実践】活動を、あらためて総体として理解願うために、小話をひとつ披露しておく。

ある時、同じ句会のメンバーである「キミ」と「ボク」と「Aサン」が、温泉を楽しみながらの気楽な吟行に赴いたとする。「ボク」は吟行を終えて家に帰るといつも、自分が作ったすべての句と、〈ボク〉が秀句と思った同行者の句を、句帖に整理するのだが、同時にその日の情景や参加者の様子を、俳画風の線描と色づけで、画帖に数枚描くことを習慣にしている。同行者の発した言葉や秀句は、絵の中の当人から、漫画の吹きだしのように「吹きだし」を描いて、その中に書きこむ。また、その時〈ボク〉が思ったり、感じたりしたことは、画帖の下に、ちょうど絵日記の文章のように書きつけておく。当日はその絵日記ふう俳画を3枚描いた。

しばらく日がたって、吟行の反省会のお誘いが〈キミ〉から入った。「ボク」は句帖と3枚の画を持って、待ち合わせた喫茶店に赴く。雑談の後、吟行の話題に移ったところで、「ボク」

は持参した3枚の画を取り出して、「キミ」に見せた。

晩秋の山里の画である。紅葉は終わり、夕暮れの弱い日差しの中、枯れ葉は風もないのにいまにも落ちそうに、樹木にへばりついている。遠くの農家の軒先には、冬の準備の大根や柿がつるされ、作業場と思しきところに稲藁や薪が積まれている。山麓の寺に鐘楼が見えている。

1枚目の画の中には、「キミ」と「Aサン」が無言で周囲の情景に没入している様子が、描かれている。「ボク」の姿は、画の片隅に手足や体の前面が描かれている。肩からは紐で画板がかけられており、その上に右手が置かれ、ボクの右手は持参した3枚の絵のなかの1枚目を描いている。

画の中の景色は、木々も枯れ葉も大根も納屋も稲藁も遠くの寺の鐘楼も、〈ボク〉や〈キミ〉や〈Aサン〉から〈ミ〉えるしかるべき位置に広がっている。3人とも無言なので、「吹きだし」はない。

2枚目の画は、〈Aサン〉が「ナンダ!? あの枯れ枝にとまっている鳥は!」と「吹き出し」の中に言いながら、遠くの木を指さしている画である。そこには遠方すぎてカラスともモズともトビともわからない鳥が1羽とまっている。皆の視線はいっせいにそちらに向けられ、「キミ」の「吹きだし」からは、「モズかな?」という文字が吹きだしている。画帖の下には、〈キミ〉はそれがカラスだと知りながら、モズなら句になると考えたのではないかという〈ボク〉の感想が書かれている。

芭蕉の「枯れ枝に烏のとまりけり秋の暮」が、〈キミ〉の脳裏に浮かび、カラスではその句が頭にこびりついてよい句が浮かばないが、モズなら秀句ができそうだと〈キミ〉が考えたのではないかという、〈ボク〉のちょっと辛口の感想である。

3枚目の画は、遠くの鐘楼の鐘が撞かれた図である。鐘の音が画の中に「ゴーン」と記されている。この画ではわからないが、鐘の音が〈キミ〉に聞こえるのは、僧が鐘を撞き終わってから数秒後である。〈キミ〉にあらわれる鐘の音は、音波の伝播速度の関係で、僧によって鐘が撞かれてからある時間差をもって、〈キミ〉にあらわれるのである。

ここまでで、前提となる情景を語り終えた。ここからは、「イマ」現実にこの本を読んでいる、「キミ」から吹きだす【感じた世界】と【記号の世界】について語る。

まず考えなければならないのは、ここまで出てきた「キミ」と〈キミ〉についてである。第一章の図（17ページ）に「ホン」という物性態があった。それは「イマ」まさに「キミ」が手に取って読んでいる「本書」と思ってほしい。「キミ」は「本書」を開き、そこに書かれている記号（文章）を、宇宙内の「イマ」「ソコ」で〈キミ〉の翻訳世界として、すなわち〈ボク〉が著した「本書」を、〈キミ〉が作成した〈キミ〉の翻訳世界として、「キミ」から吹きだした円内にあらわにしているのである。

「ソコ」における「キミ」や〈キミ〉と、喫茶店で「ボク」と会ってコーヒーを飲み、〈ボク〉と語り合っている「キミ」および〈キミ〉とは明らかに異なる。なにしろ「本書」を読んでいる「キミ」および〈キミ〉は、吟行にも喫茶店にも行っていない。どこかの書店で本書を買い求めて「イマ」「ソコ」で「本書」を読んでいるひとりの読者なのだから。

つまり前者の「キミ」は、「本書」に書いてある内容を、〈キミ〉の世界としてあらわにしている本書の読者の「キミ」であるが、後者の「キミ」は「本書」を読みながら、「本書」のなかに登場人物としてあらわれて、句作をしたり、喫茶店でコーヒーを飲んでいる、〈キミ〉が自分だと思い込ませている、架空の人物たる「キミ」なのだ。

そして大切なのは、【感じた世界】も【記号の世界】も前者の「キミ」がおおもとになっているということである。「イマ」「ソコ」で本書を読んでいる前者の「キミ」から広がってあらわれた〈キミ〉の【感じた世界】だけが、【感じた世界】であり、それ以外に〈キミ〉の【感じた世界】はない。〈キミ〉の【感じた世界】は、本書を読んでいる〈キミ〉が「イマ」目の前に〈カンジ〉ている、「キミ」の家の、「キミ」の書斎の書物や周りにある机や椅子や窓の〈ミエ〉だけなのである。

一方で、【記号の世界】には、〈キミ〉が「イマ」「ソコ」で吟行に行っていると思い込んでいた架空の〈キミ〉や〈ボク〉や〈Ａサン〉が、本書の中の記述としてあらわれている。そして後者である文中の架空の〈キミ〉が、他の場の〈イツ・イツ〉〈ドコ・ドコ〉で〈ダレ・ソレ〉にあらわれたと思う世界は、すべてが文中の登場人物である〈キミ〉〈ボク〉〈Ａサン〉それぞれの世界である。しかしそれとともにそれらはすべて、前者である宇宙における実在の「キミ」から「イマ」吹きだした〈キミ〉の【記号の世界】でもある。

　そして宇宙における実在の「キミ」から「イマ」吹きだしたそれが、宇宙空間のもとにおける本当の世界なのである。前者の〈キミ〉は、「イマ」「キミ」から吹きだしたその【感じた世界】と【記号の世界】をもとに、「キミ」が本書を読んでいる「イマ」「ソコ」の宇宙空間で、人間としての本当の「生」を生きているのである。

　宇宙であろうと人生であろうと、嘘であろうと真《まこと》であろうと、あらわれるものはすべて「イマ」の〈キミ〉の世界としてのあらわれなのである。それは【記号の世界】でも【感じた世界】でも同じである。そしてこの両世界のもとに、自然学や人間学の学習や日常生活も含めた「キミ」のすべての行為が営まれていくのである。

　もう少し具体的に書く。前者の「キミ」は「イマ」宇宙内の「キミ」の家の書斎で「本書」を読んでいる。〈キミ〉にあらわれる【感じた世界】は、「キミ」の家の机や椅子などの部屋の様子や、隣の台所で家人が発する食事の支度をしている物音の〈カンジ〉と〈イミ〉などだけである。

〈ボク〉が持参した画の中のモズや鐘の音が、前者の〈キミ〉の【感じた世界】となるはずはなく、喫茶店のコーヒーの味も、〈キミ〉の【感じた世界】としては、あらわれるはずがない。鐘の音やコーヒーの味が〈キミ〉にあらわれるとするなら、それらは〈キミ〉が「本書」を翻訳世界化したうえで、それを〈キミ〉の創作世界としてあらわにするその世界のなかにしかない。だから鐘の音やコーヒーの味は、記述とその併表象としてあらわれる〈キミ〉が以前どこかで体験した、鐘の音やコーヒーの味の「感じた記憶」だけで、絵に描いた餅ならぬ、過去どこかで感じた記憶があらわれた、〈キコエ〉ていない音や、〈アジ〉のしない味にすぎない。それらは本当の〈オト〉や〈アジ〉であるはずはないのだ。

さらに、本書を書いた「ボク」は、「イマ」「ソコ」にいるはずがない。とっくの昔に「本書」を書き終えている「ボク」は、「イマ」はどこかで、ゆったりとバカンスを楽しんでいるかもしれないし、ことによるともう死んでしまって、いまや宇宙空間には実在していないかもしれない。

ちょっと前まで〈キミ〉は、吟行に加わり句作に励んでいる〈キミ〉の役回りで、この文を読んできたが、本当にあるのは「ボク」が〈ボク〉の世界を作成してずっと前に書いた「本書」を、宇宙空間内の「イマ」「ソコ」で読んでいる、宇宙に実在する身体「キミ」から転成した、認識主体・世界解釈態〈キミ〉だけなのだ。ここまでの世界はすべて、「キミ」の体外にあった「本書」を、「キミ」が手元に広げて読み、その本の内容が〈キミ〉の翻訳世界となって吹きだして、〈キミ〉の【記号の世界】の「円」のなかに〈イミ・カチ〉としてあらわれたものだったということになる。

しばらく前までは、この文章の書き手である〈ボク〉の世界や、読み手である〈キミ〉の世界は、この小話には一切あらわれなかった。あらわれていたのは、文中の〈ボク〉や架空の〈キミ〉や〈Aサン〉や、周りの景色や鐘の音が〈キミ〉の翻訳世界のなかに、時には〈キミ〉が昔の「感じた記憶」をあらわにしながら浮かび上がらせていたのである。

しかしいまや〈キミ〉は、〈ボク〉が書いた文章を読んでいる〈キミ〉としても、存在している。そしてその世界が、宇宙空間から吹きだして「イマ」〈キミ〉の世界にあらわれている、〈キミ〉の本当の世界なのだ。

この本で述べてきたことすべては、〈ボク〉が書いた本を、前者の〈キミ〉が翻訳した、翻訳世界の中身である、ということになる。そして前者の「キミ」が本書を読み疲れて一休みすれば、そこには「キミ」の書斎や机や椅子や窓が【感じた世界】として〈ミエ〉、明日の予定や今晩の夕食はなにかなぁといったような、創作世界が〈キミ〉にあらわれてくるのである。

要は、【感じた世界】は、宇宙内の「イマ」「ソコ」で、〈キミ〉や〈ボク〉や〈タニン〉や

〈トリ〉や〈ムシ〉それぞれに、固有の〈カンジ〉と〈イミ・カチ〉として吹きだしてあらわれる単純構造の世界だった。それに対して【記号の世界】は、〈キミ〉や〈ボク〉や〈タニン〉に「円」が吹きだして、そのなかでも吹きだしが幾重にも重なって、人称や時制も含めて、極めて複雑な世界があらわれている、ということが言いたいのである。

〈キミ〉が「本書」によって〈ミ〉た気になっていた、秋の景色のたたずまいや、〈ボク〉が描いた3枚の画は、すべて現実の「キミ」が過去に経験して、脳内のシナプスに把持してきた「キミ」の記号記憶物性態と、「本書」の文章から発した記号とが、「キミ」の脳内で同定されて、記号の三項関係が成立してあらわれた、〈キミ〉の翻訳世界なのである。そしてそれとともにあらわれた、山里や鐘楼などすべての情景は、〈キミ〉が昔どこかで体験し、〈キミ〉のシナプスに把持した、「感じた記憶」の活性化によって、併表象としてあらわれた世界なのである。

ということだから、【記号の世界】には、「モノ」は一切実在しないことを、改めて確認してもらいたいのである。【記号の世界】は、すべて記号に基づく「名」を付された〈シルシ〉と〈イミ・カチ〉だけによってなる。「モノ」はたとえばこの本が宇宙には実在するが、世界にはなにも存在しないのである。

もちろん【感じた世界】にあらわれた〈モノ〉も、〈キミ〉にあらわれるのは〈イミ・カチ〉

だけである。〈キミ〉はそれらの〈イミ・カチ〉によって、それ自体は不可知の宇宙に実在する、「キミ」の「テ」や「アシ」を使って、また道具を使って、宇宙内の不可知の「モノ」に向けた【世界の実践】活動を為し、「生」を生きるのである。

世界はすべてがヴァーチャル世界であり、「キミ」はその〈キミ〉のヴァーチャル世界をよりどころにして、暗黒の宇宙空間に【世界の実践】を為し、それをもとにさらに【代謝と自己複製】を行って、精神と肉体を維持しながら、「命」を生きているのである。

そしてその「命」の生き方は、常時〈キミ〉の心とともに、宇宙の外に吹きだしてくる【感じた世界】と【記号の世界】のあらわれによって確認され、そのもとに「キミ」の手足や口や道具は次なる【世界の実践】に向けてさらなる「行動実践」を遂行していくのである。

コラム　コトバの進化論仮説

本コラムは、本書が脱稿し初校のゲラが上がったところで、「第一部」と「第二部」の間に急遽挿入することとした。その理由を述べてから本論に入る。

本書を書き終わるまで筆者は、「第一部」では3つの【感じた世界】と3つの【記号の世界】の都合6つの世界を個々に詳しく説明すれば充分と考えていた。だが本書の初校のゲラが刷り上がる直前に読んだ『言語の本質』(今井むつみ・秋田喜美著、中公新書)に強く刺激を受け、コトバの進化についても本書なりに触れることを思いたったのである。「第二部」の冒頭で、特異点の概念を用いて、宇宙、生命、植物、動物、人類それぞれの誕生と、進化を語ったこともその一因となった。そこで本書の編集担当である、文芸社編集部西村早紀子氏と相談して、ここにコトバの進化についての仮説を、コラムとして書き加えることとしたのである。

上掲『言語の本質』では、コトバの進化について、次のような仮説が述べられている。すなわち、「人類がコトバを持ったのは、パースの『アブダクション推論』（本書も第四章第四節で論じた）のような、人間以外の動物にはない特別な能力を、ヒトが獲得したからである。ヒトのこの能力が、アナログの世界をデジタルの記号へとつなぐことを可能とし、記号のシステムを作り、それを体系化し、洗練して、言葉を進化させていったのである」（同書234、253ページ参照）と。そして「その過程においては、パントマイムやジェスチャーとは異なるデジタル的な特徴を持ちつつも、アイコン性を有するオノマトペが大きな役割を果たしたのではないか」（同書252ページ参照）と。

それを読み本書も、これまで論じたことをもとに、コトバの進化論について仮説を述べてみることにしたのである。それは『言語の本質』が試みたような、綿密な実証に基づくものとは異なり、大雑把な仮説にすぎない。ただこの仮説も、パースが言うアブダクション推論に基づくものではあるので、ここに掲載して「第一部」と「第二部」とをつなぐ橋渡しにしたいと考えたのだ。

(一) 第一の仮説 【記号の世界】の進化は、【感じた世界】の数億年の進化をもとにして始まった

多くの動物は【感じた世界】を宇宙から宇宙外に吹きだした。【感じた世界】は、信号の三項関係すなわち①認識主体・世界解釈態、②認識与件・信号物性態、③認識内容・【感じた世界】の三項の関係のもとにあらわれた。

ここで着目しなければならないのが、信号物性態である。信号物性態は、それぞれの認識主体・解釈態にとって、操作不能な、所与の物性態として与えられる。まずこの操作不能性について、前にも引用した、『デカルト』(野田又男・岩波新書134ページ)から再引用して理解を新たにする。すなわち、

『感覚(本書では【感じた世界】)は、物からの因果作用を、我々がいやおうなしに受け取るところに生まれる。あるものを感覚しようと意志しても、思うままのものが出現するわけではない。またある物を感覚しまいと意志しても、「私の承認なしに」感覚は生ずる。感覚のこういう受動性(被拘束性)にうながされて、我々は、それの原因として、我々の外に何らかの物体が現存すると信ぜざるを得ない。』(傍点部分は筆者補足)

ここで指摘したいのは、前の引用時（第五章第二節）と異なり、認識主体となる〈キミ〉をはじめとするすべての動物の、三項関係における認識与件・信号物性態を、我々は「受動性（被拘束性）」のもとに受容しなければならないというところである。いいかえれば信号物性態は、我々にとっては統御できない、所与の信号であるということである。我々をはじめとする【感じた世界】を創発するすべての動物は、その統御できない所与の信号を与えられて、そこからそれぞれが多様な【感じた世界】を創発し、そのあらわれのもとに、宇宙に向けて世界の実践を為していくのである。つまり【感じた世界】は、認識主体・世界解釈態からすると「あてがいぶち」の信号物性態のもとに、あらわれるということになるのである。

動物は地球に生まれてから5億年以上経つが、この【感じた世界】を創発させる際の、信号物性態の「あてがいぶち」性はずっと変わることがなかった。つまり諸動物は常に「あてがいぶち」の信号に基づいて、それぞれの進化に伴い【感じた世界】を創発させてきたのである。

それに対して【記号の世界】の記号物性態はどうだろう。【記号の世界】の三項関係は、①認識主体・記号解釈態と②認識与件・記号物性態と③認識内容・【記号の世界】の三項の関係である。【記号の世界】の記号物性態では、記号は「あてがいぶち」ではない。【記号の世界】は認識主体・世界解釈態が記号を操作することによって発現するのである。

これから述べたいことは、信号の「あてがいぶち性」から記号の「操作性、能動性」への進化のプロセスである。ちなみに信号物性態は、電磁波や音波や分子、原子など物性態そのものであった。それに対して記号物性態は、コトバや式をはじめとして、すべてが脳内の神経細胞のシナプスに記憶の形で把持されている物性態である。信号物性態と記号物性態は似て非なる物であるが、両者はどのように関係してくるのだろう。

記憶にはここで扱っている記号記憶物性態の他に「感じた記憶」があった。「感じた記憶」とは、〈キミ〉に【感じた世界】があらわれたとき、その世界の一部が記憶として、そのままシナプスに残されたものをいう。例えば生前の父親の立ち居振る舞いのように、アナログ的な記憶として残されている記憶である。記憶のなかではエピソード記憶も、その一つであるといってよいかもしれない。

このような「感じた記憶」は、動物にとっても必須の記憶である。縄張りを記憶したり、家族を記憶したり、巣穴を記憶するのは、すべてこの「感じた記憶」であり、五感世界のような【感じた世界】は現況信号（体外信号と体内信号）のもとに、この「感じた記憶」が活性化して、両者のもとであらわれることは「第一部」で述べた。しかしこの記憶はヒトも動物も、いつでもアクセスできるものではない。【感じた世界】があらわれたときに、それに伴って併表象として発現してくるのが、この「感じた記憶」なのである（第三章第五節　五感世界参照）。

ヒトの場合はそれだけでなく【記号の世界】のあらわれに連れて発現することもあることはすでに触れた（第四章第一節「【記号の世界】とはどのような世界か」参照）。

ここで話は変わるが、動物は、それぞれの種族維持のための交接や個体維持のための捕食者・被食者関係を有意にまたは安全に為すために、たとえば〈ミ〉たり〈ニオッ〉たりした【感じた世界】の様相を、何らかの声や音や匂いによって体外に表出し、同種間でコミュニケーションをはかる行動を、それこそ数億年前の大昔から行ってきた。この数億年が、後の【記号の世界】の発現に寄与することとなったのである。

その検証については、トリやサルその他の動物たちの多くの行動から学べるが、それらをここで列挙することは紙幅の関係から困難である。それぞれの動物が、宇宙に向けた【感じた世界】の【世界の実践】に際して、遺伝子に組み込まれた行動のもとに音声を発して、その行為を仲間に種々の情報として伝えるのだが、後には遺伝子のもとに本能として発せられる生得的な声だけではなく、前の段落で述べた、「感じた記憶」を生かした、経験から得られた環境認識に関する学習も加味した情報発信をも行う動物が、出現してきたのである。

この段階では、【感じた世界】の実践に当たって、ただ音声を発して求愛したり、仲間を威嚇したりするだけで、音声の発信者と受信者それぞれが何らかの記号記憶を把持し、それが同定されることによって翻訳世界が制作されるというところにまでは至っていないかもしれない。

しかしそれが進化して、「感じた記憶」という認識主体・世界解釈態の側の例えばエピソード記憶のようなアナログの記憶が、認識内容・【感じた世界】にあらわれた諸対象ごとに分節されて、記号が割り当てられることになれば、それは「感じた記憶」から「記号記憶」へと変化する道筋ができたことになると考えられるのである。こうなれば【記号の世界】発現の準備が整ったと言えるのではないか。たとえば次のような例はどうだろう。

有名なベルベットモンキーの例である。ベルベットモンキーは、少なくとも三種類の警戒音をだして仲間に危険を知らせるという。ひとつはヒョウなどの大型肉食獣を見た時の警戒音で、その声を聞くと仲間たちは近くの木に登るという。また猛禽類を見た時の警戒音では、仲間は茂みに身を隠すという。ヘビがあらわれたときの警戒音では、後ろ足で立ってヘビがいるかどうか、あたりを見回すそうだ（『サルのことば』生態学ライブラリー2、小田亮　京都大学学術出版会70ページ）。ということは、ベルベットモンキーは3種の記号の使い分けによって、三種の対象の存在を、仲間に知らせるのだ。

ここまでくるとベルベットモンキーは、天敵を見つけた時に、五感でその天敵を〈カンジ〉るとともに、その〈イミ〉を捉え、「写生世界」を作成したうえで、警戒信号を宇宙に向けて発信したといえるのではないか。受信したほうは三種の翻訳世界を制作して、天敵が大型肉食獣か、猛禽類か、へびかを理解して、対策として木に登ったり、茂みに隠れたり、立ち上がって周りを見まわすといったそれぞれ異なる対応をすることになる。

これは、このコラムの直前の、第五章第五節でみた、【記号の世界】をもとにした、ウィトゲンシュタインの石工とその助手のやり取りの言語ゲームとほとんど同じレベルの世界の交感をしていることになるのではないか。そう、これはあきらかにベルベットモンキーが、写生世界と翻訳世界を通じた「言語実践」による世界の交感と、それに基づく「行動実践」をおこなっていることを我々に示してくれるのである。

こうなると写生世界と翻訳世界に関して言えば、記号の操作において、ヒトとその他の動物の間で、その巧みさにおいては大きな違いがあるものの、その起源と発達の連続性においては、本質的なところで両者は地続きの関係にあるということになり、第一の仮説は真実味を帯びてくるのである。

本書は「第一部」において、ヒトには【感じた世界】と【記号の世界】があるが、ヒト以外の動物の【記号の世界】はあったとしても無視できるとした。しかし上記仮説が正しいとすれば、少なくともコトバの進化という観点に立つと、動物における写生世界と翻訳世界の制作を無視することは誤りでないかという疑問が浮かび上がってくるのである。この点について、以下に本書の見解を述べる。

たしかにコトバの発地点は「感じた記憶」が記号記憶に進化し、その記号記憶物性態が認識与件となって発現する写生世界であり、コトバがコトバとして機能し始めるのは、それを翻訳世界として受けとり、そこに発信者と受信者のミュニケーションが成り立つ点に求められる。ここでは【感じた世界】と【記号の世界】は接しており連続しているのである。ただ言葉の沃野はそこから先が大きく開けてくる。逆に言えば、写生世界から翻訳世界までは、ヒト以外の動物にも、コトバとまで言えるかどうかは問題だが、少なくともある種の記号の交感ともいえる【記号の世界】らしきものは、きっといくつも認められるはずなのだ。

前掲した『言葉の本質』はオノマトペについて多くの紙数を割いているのだが、動物界にはオノマトペとまではいかなくても、鳴き声によるもろもろの合図を活用したコミュニケーションの例が多くみられるのだ。しかし動物はそこまでは行けても、その先には行けないのだ。ではその先とは何か。それが創作世界なのだ。創作世界こそ、ヒトに固有の【記号の世界】なのである。

【記号の世界】には「写生世界」「翻訳世界」「創作世界」の3世界があったが、筆者はその中で創作世界だけは、ヒトは自在に扱えるが、他の動物にはまったく扱えないということを強調したいのだ。コトバは、はじめは同一種間におけるコミュニケーションツールとして発達したが、ヒトに限ってはもうひとつ重要なコトバの役割として、コトバによる世界の創作があげられるのだ。これはヒトだけに与えられ、純粋に記号の操作のみによってなされるのである。

一例をあげる。〈キミ〉は創作世界がなければ、昨日何を食べたかということは表現できないし、明日どこに行こうかということも計画できない。ましてや万有引力の法則の発見や量子宇宙の在り方等、アブダクション的推論に基づく、抽象的概念的な思考などは一切できない。事実ヒト以外の動物は、昨日何を食べたかを想起する創作世界の制作はできないはずである。ということで次は、創作世界にかかわる第二の仮説について検討することとする。

(二) 第二の仮説「創作世界」は「写生世界」「翻訳世界」から進化した、ヒトに固有の世界である

創作世界は、認識主体が把持する記号の操作だけで世界の制作が可能である。写生世界のように【感じた世界】の信号の三項関係の成立をまって、そこに記号を貼り付ける手間はいらず、また翻訳世界のように、他人の【記号の世界】と自分が把持する記号物性態を同定したうえで世界を制作する必要もない。その意味では【創作世界】は、自由にのびのびと記号を操作して、自分の思い考えた通りの世界が制作できるのである。

しかし動物にとっての「創作世界」の制作は、ただ記号を操作するだけで、他に何の縛りもないことが逆に縛りとなって、困難に遭遇するのである。困難のもとは、なにもないところから記号の選択とその組み合わせによって、文や式を作るという、無からの記号操作にあるのだ。ちなみに前の段落で述べた、写生世界、翻訳世界の制作は、手間がかかるがゆえに、手順を踏むことで、ある種の動物にとっては、制作が容易になったのである。しかし動物は世界を制作するために、把持した記号を自在に引っ張り出してくる能力を持たないのである。

動物にはできないこの創作世界の制作作業を、ヒトはどのようにこなしているのだろう。それを明らかにする一つの仮説を提示しよう。それは現代に生きるヒトは、誰もが何らかの人間集団に属しており、その集団内では常にコトバが交感されているということに求められる。ヒトは胎児のときから母親の胎内でコトバを聞きながら育ち、生まれてからも一生涯言葉の洪水のなかで生活していく。胎児のそれは自分に向けられた言葉ではないかもしれないが、それがかえって社会性を育むのである。ヒトはたとえ生まれる前であっても、両親の会話を胎内でじっと聞いている。意味は全く不明でも、胎内で日本語の会話を、自分の耳を通して自分の脳が受容しているのである。

ヒトは〈モノ〉を〈ミ〉てまたは〈アジワッ〉てそこから初めて、その「モノ」の名を覚えるのではない。それ以前にコトバの洪水のなかで、多くのコトバを〈キ（聞）〉かされているのだ。はじめは全く理解できていなくても、コトバの流れや日本語のイントネーションや頻繁に聞く単語などが、脳の発達に応じて毎日蓄積されていくのだ。

そういった中で母親から育児されながらの四六時中の話しかけが続き、それが20か月も経てば、赤ちゃんはしかるべき言語を話すようになる前に、その言語を聞きわけるちからをすでに相当蓄えているはずだ。ここで言いたいのは、ヒトにとっては新しい〈モノ〉や〈コト〉が見えたり、聞こえたりしてから、コトバを習ってそれを「言語化する」だけでなく、先にコトバがあって、そのコトバに〈モノ〉や〈コト〉をあとから「当てはめる」場合もかなりあり、その双方が因となり果となって、コトバの習熟が為されていくということなのだ。ヒト以外の動物は、このようなコトバの洪水にはさらされない。

「第二部」の一、⑤「第5の特異点」で取り上げるが、新約聖書のヨハネによる福音書の冒頭に記された「初めに言《ことば》があった」は、我々はそれを真正面から受けとめなければならない。生まれる前からあった言《ことば》（記号）によって、世界を生きることとなる我々ヒトは、生まれたらすぐに、その言《ことば》を聞いて【記号の世界】を制作し、宇宙に向けて実践活動を為す体制を整えていく共時的存在なのである。

先の『言語の本質』では、「ヒトが生物的な種として言語を持つか持たないかを決定づけるのは、記号と対象の双方的な関係を理解し、どちらかの方向（たとえば記号A→対象X）の結びつきを学んだら、その結びつきを逆方向（対象X→記号A）に一般化できる能力を有するかどうかによる」という仮説を提示している（同書234ページ）。

さらにヒト以外の動物はこの能力を有しないことを確認したうえで、ヒトはこの能力を有しているから言語習得が可能になったのか（仮説1）、ヒトはこの能力を言語の学習の経験を通じて獲得したのか（仮説2）、どちらなのかという2つの仮説を提示する（同書235ページ）。

筆者は（仮説3）として、仮説1と仮説2が互いに因となり果となって、この形質を能力と学習の双方向から進化させて来たという立場を取りたい。その理由としては、同書242頁に、他のチンパンジーは持たないが、「クロエ」と名付けたチンパンジーだけは記号Aと対象Xとの双方向性を有するという記述があり、その記述が第3の仮説を示唆していると考えるからである。いわば弁証法的言語発達進化論である。この議論を深掘りしていくと、次々と新しい発見が予感されるが、ここでは別のことを述べたい。それはコトバの多義性と同義語、類義語についてである。

ある言葉は多くの意味を有する。これをコトバの多義性という。たとえば広辞苑によれば「ありがたい」という言葉には、①存在が稀である、②生存しにくい、③（世にもめずらしいほど）すぐれている、④またとなく尊い、⑤（ヒトの親切や好意に対し）感謝したい気持ちである、⑥本当に恵まれていてうれしい、と6通りの意味が記されている。このように、多くの言葉は多義性を有する。「やばい」という若者言葉は、昔は堅気のヒトには使えなかった酷いコトバだったが、いまは変化して、若者たちはかなり多様な意味すなわち多義性をもたせて気軽に使っている。

一方同じ意味をたくさんの言葉によって表現する、同義語、類義語の類の記号も沢山ある。たとえば「ワタシ」という意味を持つコトバは、「我」「俺」「ワシ」「おいら」「わたくし」「わらわ」「朕」などたくさんある。このようなコトバの多義性と多くの同義語の操作は、「創作世界」の制作およびその世界の翻訳世界化において、動物には絶対不可能な領域を形成しているのである。

前にも記したが、記号の語形音と多くの同義語の操作は、ソシュールのシニフィアン、シニフィエの考え方と重なる。たとえば〈イタイ〉といったような「体感世界」の〈カンジ〉と〈イミ・カチ〉はほとんど一体化してあらわれて、分節化できないようにも思われるが、記号の〈シルシ〉と〈イミ・カチ〉は、一見一体のようであっても、分節化が可能なのである。そのためコトバは、意味が通る範囲で組み合わされて、自在の表現形式を獲得し、縦横無尽にその枠を広げていったのである。その背後にあるのが、本書でも第四章第四節で述べた、アブダクションやディダクション（演繹）やインダクション（帰納）であり、また各種分類や国際単位系に基づく宇宙空間の描述なのである。「第二部」の二、では、その【記号の世界】の類種を①から⑨に分類して記述した。

コトバは『言語の本質』に倣えば、一つの記号A（たとえば「ありがたい」）に対して、対象（イミ）がX^1、X^2、X^3……と6つもあり、また一つの対象X（たとえば「ワタシ」）に対して記号はA^1、A^2……と先に記した7つ以上の当てはめようがあるのである。このような性質を有する分節化された記号を組み合わせ、操作して、創作世界を制作し、それを互いに翻訳しあって人類共通のコトバの資産を作っていくことは、ヒト以外の動物には絶対不可能なのである。その意味でヒトと他の動物を分ける本当のコトバの境界線は、創作世界を制作できるかどうかの一点にかかっているのである。

犬や猫は、「ポチ」とか「タマ」とか名を呼ばれれば、それが自分のことであることは理解する。しかし自分は「ポチ」である、自分は「タマ」であるという意識をもって、自分を主体とした創作世界を制作することはできないだろう。これはほとんどのチンパンジーについても不可能と思われるのである。でも先に述べた「クロエ」は、『言語の本質』を読む限り、手持ちの記号を操作して、自分の世界を創作する能力を有しているか、その能力を潜在的に持っているのではないかと思わされるのである。

ヒトの場合は、コトバを話すようになれば、その時は既に自己認識を持っており、自分を主語とした世界の創作は、難なく行えるようになる。つまりコトバに関して動物とヒトとを分ける分水嶺は、コトバを理解するかどうかではなく、そのコトバを使って世界を創作できるかどうかにかかるのだ。それを一言で言えば、概念的・抽象的コトバを操作して無から世界を創作できるかどうかが、ヒトと動物のコトバの遣い方の決定的な差となると考えられるのだ。

あくまで仮説だが、コトバは動物の【感じた世界】から約5億年かけて、実感の〈カンジ〉から「感じた記憶」を経由して、記号記憶にいたり、そこから写生世界を経て、コトバの交感、いわゆるコトバを媒介としたコミュニケーションをはかるまでに至った。ここまでは動物にもその初歩的な形を見いだせるのである。

そしてヒトは最後に、コトバによって世界を創作できる域にまで達したというのが、このコラムにおける仮説の結論ということになる。ここまで達したのはヒトだけであり、ヒトと動物の決定的な違いはここにあるというのが、筆者が言いたいことである。であるからコトバに関するヒトと動物との能力の差は明らかなのである。いずれにしろヒトがコトバを十全に操るようになるまでには、ヒトである以前の、動物としての長い永い時間が必要だったのだ。チンパンジー以下の動物のコトバは、初歩的な「写生世界」と「翻訳世界」の制作と交感に留まっており、まだヒトの「創作世界」制作の域にはまったく達していないのである。

ここまで書いてきて、筆者がこれまで解けなかった問題について、ひとつヒントが浮かんだ。その問題とは、我々ヒト科が、700万年ほど前にチンパンジーから分岐してから後にも、多くの「属」や「種」が分岐したが、今から数万年前には、ヒト科が生態系の最高位に昇りつめつつあったにもかかわらず、ホモ属サピエンス種以外の「種」や「属」がすべてなくなり、ヒト科は一属一種になってしまった。それはなぜか。どうしてそうなったのか、という問いである。

いろいろな説があるようだが、それは紙面の関係で省略する。本書が仮説としてここで主張したいのは、サピエンス種だけが、本コラムで述べた「創作世界」の制作能力に、際立った力を発揮し、それが人類の地球全域への拡散や、大きな人間集団の構築や、後年の法の制定や貨幣の発明に役立つにいたる知恵を獲得できるような脳を造り、一方その図抜けた能力が、その面で劣る近縁種の「属」や「種」を淘汰してしまったのではないか、という仮説である。そしてこの「創作世界」制作能力が、これから本書「第二部」の二、で述べる、ひとの世界の多様な広がりを、可能にしたと言えるのではないか。

根拠をひとつあげておく。「ヒト科の脳容積は、いまから440万年前の300～400ミリリットルから、60万年前には1170ミリリットルと、およそ3倍にまで増加した」「ネアンデルタール人とホモ・サピエンスの脳容積は１４５０～１５００ミリリットルでほとんど変わらない」「ネアンデルタール人の脳で発達したのは、主として視覚にかかわる後頭葉の部分で、これは日照の少ない高緯度地方の生活に適応した結果という可能性もある一方、ホモ・サピエンスで発達したのは、思考や創造性を担うとされている前頭葉で、このことは、同じような脳容積を持ちながらも、私たちとネアンデルタール人とでは、社会生活や認知が異なっていたであろうということを示唆する」（以上『人類の起源』篠田謙一著・中公新書、23～24ページから）。

以上からだけでも、現生人類の他の人類や動物に対する際立って優れた点は前頭葉の発達であり、それが言語を用いて、嘘や虚構も含めた「創作世界」を制作する能力を増進させた。そして膂力《りょりょく》においては勝っていたともいわれ、ＤＮＡによれば往時は交雑もあったとされ、生活様式が酷似しているネアンデルタール人を、知力の差により、近縁種淘汰してしまったのではないか。

「第二部」は、その我々サピエンス種の、言語による世界創作能力によって展開される、【記号の世界】の人間社会について、物語を展開していく。

第二部　随想集：言葉に生きる人間集団の物語り

第二部は、言葉を中心とした【記号の世界】に生きる人間集団が、言葉を操って、他人や他の人間集団に何かを説き、言葉を使って、ヒトに行動を促し、また言葉によって制度やヒトに縛られ、動かされる様子を、いくつか随想風に語る。

一、我々はどこからどのようにして来たのかを語る

これまで主として数学や物理学で扱われてきた、特異点（Singularity）という概念がある。最近の例をあげれば、レイ・カーツワイルは２０４５年を「技術的特異点」とし、この特異点を契機として、ヒトの知性とＡＩとの間に、能力の逆転が生じるとした。

その特異点の後にどのような事態が生起するかについては、いろいろな議論があるがここでは触れない。本書は「我々はどこから、どのようにしてきたのか」について、特異点の概念を援用して語る。

本書は特異点を、「ある特別な事象の生起により、そこからは異次元の事態がはじまることとなる、極めて特異な点」と定義する。宇宙や地球や生命や人類は過去、特異点を越えるたびに、それ以前には経験したことのない、きわめて大きな変化に、直面してきたのである。

以下に６つの特異点を挙げるが、①～③は大方の同意が得られると思う。④⑤は筆者が本書であらたに提起するものである。⑥は人類滅亡の特異点となる。

①第1の特異点

第1の特異点はビッグバンだ。現代の天体物理学によれば、宇宙はビッグバンによって始まったとされる。ビッグバン以後の宇宙の主役は、エネルギーと物質である。それらは物理作用、化学反応によって生成し、変化し、消滅する。宇宙はビッグバンによって開闢し、それから137億年、多くの物性態が宇宙空間に広がって、いまの宇宙になったとされる。ビッグバン以降現在に至るまでの宇宙時空の変化はここでは論じないが、第二の特異点までの地球は、物性態の物理作用、化学反応により、無機的な物理的・化学的変化が、繰り返されてきただけであった。詳細は天体物理学の書籍を参照していただきたい。

②第2の特異点

第2の特異点は、地球における始原の生命活動のはじまりである。この第2の特異点において、原始的な細胞を有し【代謝と自己複製】を為す、生体膜に包まれた有機的な生命体が誕生したのである。

第2の特異点の主役は、細胞を有する原始生命体である。原子や分子の特別な結合によって細胞を形成することとなった始原の生命体が、地球外からもたらされたのか、地球上で形成されたのかは、明らかになっていない。ただいつの頃からか、なんらかの生命体が地球上に実在することになったことはまちがいない。

ヒトは細胞を有する生命体である。長い時間をかけて、原始生命体が進化してできてきた。地球における生命活動の始まりを、第2の特異点とすることについては、大方異論はないであろう。

③第3の特異点

第3の特異点は、光合成を為すシアノバクテリア、藻類、陸上植物の出現である。この3者は、葉緑体のはたらきにより、太陽光と二酸化炭素と水をもとに有機化合物を合成し、水が分解されて酸素が放出されるという化学反応を為す生命体である。生命体のこの活動は、化学反応式を用いると（$6CO_2+12H_2O \rightarrow C_6H_{12}O_6+6O_2+6H_2O$）と書きあらわされる。

この活動によって、地球上に多くの酸素が供給されることとなった。光合成は、高等生物が生きるための根元的な生化学反応である。地球上のほとんどすべての酸素は、シアノバクテリアや藻類や陸上植物が為す光合成に由来し、ほとんどすべての有機物も、また光合成に由来する。これを3つ目の特異点とする。この特異点の主役は太陽光と二酸化炭素と水と葉緑体である。

④第4の特異点

ここからが、本書が初めて指摘する特異点である。動物が出現する。動物は、生物として地球上に【代謝と自己複製】活動を為して「生」を生きるだけではない。多くの動物は、「第一部」で述べた信号の三項関係により、【感じた世界】を宇宙の外に創発させる。この第4の特異点によって、【感じた世界】をあらわにする動物が、地球上に出現したのである。

宇宙の外に世界が創発するという考えは、理解しにくいかと思う。しかし既述の通り、宇宙は「モノ」と「エネルギー」だけによって成り立つので、種々の動物にあらわれる〈カンジ〉と〈イミ・カチ〉が、宇宙内に実在することはない。〈カンジ〉や〈イミ〉や〈カチ〉には、「モノ」性や「エネルギー」性はないからである。

動物が出現して、宇宙外に世界をあらわすようになったというこの特異点は、③の光合成とあわせて、生命活動とはなにか、すなわち「我々は何ものか」を語る重要な鍵なのだ。

さらに動物は、これも「第一部」で述べたことだが、信号の三項関係によって宇宙の外に吹きだした世界をもとに、宇宙内の物性態に向けて【世界の実践】を為す。その結果宇宙空間では、あらたな【代謝と自己複製】や、その他の物理作用、化学反応が引き起こされていく。宇宙のそとに〈イミ・カチ〉の世界を吹きだした動物が、その〈イミ・カチ〉を実現するために地球に向けて【世界の実践】を為して、地球を他の星と大きく異なる生態環境に、変化させていったのである。

この特異点は、本書がはじめて指摘するものである。主役は諸動物と、その諸動物が為す信号の三項関係をもととする、【感じた世界】の創発である。地球上に豊かな生態系が育まれたのは、生命体の生命活動のおかげであり、それを担ったのは、すべての生命体が為す③の【代謝と自己複製】活動および、ここ④に言う動物が為す【感じた世界】を宇宙外に創発させ、その世界の実現に向けて、動物が宇宙に向けて為す【世界の実践】活動だったのである。

⑤第5の特異点

第4の特異点を経た、現時点から見た直近の特異点は、ヒトが誕生し、そのヒトが【記号の世界】を制作するようになったことである。ヒトも動物だから、③の【代謝と自己複製】活動を為し、④の【感じた世界】を創発させるが、ヒトはさらに加えて⑤として【記号の世界】を発現させたのである。これが、ヒトがヒトとなった特異点である。主役は我々ヒトであり、我々があらわにする【記号の世界】である。

本書は、ヒトが宇宙のそとに【記号の世界】を発現し、その世界を宇宙に向けて実現せんとする【世界の実践】を為す活動を、ヒトに固有の生命活動とした。この活動は、ごく原初的なかたちではヒト以外の高等動物によっても為されるが、ヒトはそれらの動物と比べて圧倒的に高度な【記号の世界】の制作能力と、それをもとした巧みな【世界の実践】能力を有している。したがって、これをヒトに固有の生命活動と捉えて特異点とすることは、極めて当を得ていると、筆者は考えたのである。

この第5の特異点を経て、ヒトは他の動物の自然進化とはまったく異なる、文化的、社会的な進化をしていくこととなった。我々が、これまでどう生きてきたか、そしてこれからどう生きていくのかを考えるとき、【記号の世界】すなわち言葉の使用が、他の動物とヒトとを分ける最大の要因となったのである。

言葉の使用は、「第一部」の最後でも述べたように、【世界の実践】に際して、ヒト同士が役割分担して行動する、いわゆる分業と協業に、信じられないほどの大きな効用と効果をもたらしたのだ。いまや地球規模で繋がる人間集団の連帯は、ヒトに【記号の世界】が発現するこの第五の特異点によってはじめて可能となったのである。

ヒトは学名で「ホモ・サピエンス」といわれる。それをもじって「ホモ・ファベル」「ホモ・ルーデンス」「ホモ・デウス」「ホモ・エコノミクス」「ホモ・ロクエンス」のように、論者によっていろいろ言われることがある。筆者はヒトを、「ホモ・セミオティクス」すなわち、

「記号を操るヒト」と言いたい。これこそ、ヒトに最もふさわしい名称と考える。

言葉の重要性については、世界中の多くの先人によって繰り返し語られてきた。ここでは1つだけ、新約聖書のヨハネによる福音書の冒頭部分をあげておく。

ヨハネによる福音書は、次の言葉ではじまる。

初めに言《ことば》があった。言《ことば》は神と共にあった。言《ことば》は、神であった。この言《ことば》は、初めに神と共にあった。万物は言《ことば》によって成った。成ったもので、言《ことば》によらずに成ったものは何一つなかった。言《ことば》の内に命があった。命は人間を照らす光であった。光は暗闇のなかで輝いている。暗闇は光を理解しなかった。

（『聖書　新共同訳』１９８７年　日本聖書協会）

このヨハネによる福音書を真正面から受け止めてほしいのだ。これはけっして比喩や強調ではない。最初にものごとがあり、それから言葉ができたのではなく、初めに言葉があって、言葉によってものごとが生まれると考えるのがきっと正しいのだ。

〈キミ〉は母親の胎内で、何ものものごとを知らないうちから、言葉を聞いて育った。生まれてからも、はじめに言葉を聞き、その言葉によってものごとを知るのだ。ヒトは言葉の洪水のなかで一生を生きるのだ。

ソシュールは言葉の通時性と共時性とを区分し、とりわけ共時性を重視したが、少なくとも共時性のもとにおいては、「ものごとがあって、言葉が生まれる」のではなく、「言葉があって、ものごとが生まれる」のだ。カントではないけれど、これは言葉のあり方を考えなおすコペルニクス的転回と言ってもよいのではないか。

「我々は　何ものか」は、善きことも悪しきことも、正義も不義も、真も偽も、美も醜も、すべてが、我々が操る言葉の操作と、それを宇宙空間に信号として放出して為る、他人とのコミュニケーションのなかで定まるのだ。

⑥第6の特異点

第6の特異点は、我々に将来必ず訪れる特異点である。この特異点によって、高度の文明社会を築きあげた人類は、他の多くの生物とともに、地球上から消滅することとなる。それは一瞬のことかもしれないし、ある程度時間をかけてなされていくのかもしれない。

現生人類は、まだ生まれてから20万年ほどしか経っていない。2億年近くも続いた恐竜時代と比べれば、それは1千分の1にすぎないのだから、ヒトにとっての第6の特異点は、ずっと先のことかもしれない。

しかし近年の核戦争の脅威、気候変動、パンデミック、転変地異などなどの災厄を考えると、ヒトは自然を操作する知恵と力を獲得してしまったがゆえに、ヒトそのものを原因として、この特異点をごく近いうちに招き寄せてしまうかもしれないのだ。冒頭で述べたカーツワイルの技術的特異点（２０４５年）が、そのきっかけとなる可能性だってあるのである。

コラムでも記したとおり、いまやヒト科は数万年前からホモ属サピエンス種一種一属しか生き残っていない。我々サピエンス種が滅びれば地球はまったく別の星になるだろう。

二、【記号の世界】を分類し　それぞれの特徴を語る

【記号の世界】によって語られる内容は極めて多岐にわたる。その多岐にわたる【記号の世界】を整理し分類するのが、本項の役割である。言葉によってこれ程多くのことが語られるのも、ヒトが「創作世界」を自在に操れるようになったおかげである。

（一）【記号の世界】の分類

以下の①から⑨の【記号の世界】の分類のうち、①は主として哲学、②は自然科学、⑦は文芸、芸術、芸能、⑧⑨は宗教、哲学、論理学、倫理学の範囲で語られて、ほとんどその領域が確定している。本書第二部では、人間集団の営みのなかから、上記分野におさまりきれないヒトのダイナミックな生活活動を、主として国家と国民の在り方に焦点を当てて論じる。

ということで、本書「第二部」は以下の③～⑥について語るが、扱う範囲が広すぎて、体系的、統一的には語れないので、随想風な語りをもって、私論を展開することとした。

①我々は、【感じた世界】を言葉で写生し、体外に表出する

「第一部」で論じた通り、【感じた世界】はヒトだけでなく、多くの動物にもあらわれるがヒトの場合は、【感じた世界】を【記号の世界】のひとつである「写生世界」化して、宇宙外に吹きだし、それを宇宙に向けて、ということは他人に向けて発信できる。

この【感じた世界】の【記号の世界】化は、昔から多くの哲学者により、哲学問題として扱われてきた。本書も「第一部　哲学編」において、過去の哲学者とは異なる視点からこれを語った。

②我々は、宇宙における物性態の自然現象を語る

宇宙空間には多くの「モノ」や「エネルギー」が実在する。この物性態の実在証明は、「第一部」第五章第二節で行った。しかしヒトが物性態の性質や関係や自然法則を、宇宙の外に記述しなければ、それらは明らかにならない。ひとにとっての宇宙は、ヒトが【記号の世界】のなかにそのありようを描述することによってはじめて明らかになるのだ。

物理学では近年、「人間原理」が話題になっているが、ヒトが創る【記号の世界】は、すべてが人間原理のもとに創作されるのである。ひとが語る宇宙は、【記号の世界】に記述された、宇宙内物性態の描像であり、宇宙内の「モノ」や「エネルギー」の性質や関係や自然法則は、宇宙そのものをあらわにしているというわけではないのだ。その意味で、物理学をはじめとするすべての科学は、根本的には「人間原理」のもとで成り立っているのである。

物理学は、自然そのものを語るものであり、物理学にはヒトがかかわることがあってはならないのだという考えは、物理学に取り組む心構えとしては理解できる。しかし語るのがヒトである限り「根本のところでヒトがかかわっている」ということには、留意する必要があるのだ。

③我々は国家や法や社会・経済活動を語り、またそれらに縛られる

我々は、国家や法や貨幣制度や生活慣習その他、社会のあり方すべてを、【記号の世界】によって互いに認めあい、その制度の下で万人が生きている。ヒトによって創られた法や、貨幣制度や、その他あらゆる社会の規範は、我々の活動を縛り、我々すべてを社会に縛りつける役割を果たしているのである。

我々はなんでも自由に思い、考えることができるが、その考えたことを「ヒト」や「モノ」や「コト」に向けて実践するときには、種々の縛りがかかってくるのだ。

④我々は、言葉により文化を継承する

我々は、言葉や記号を作りだして以来、現在までの人類共通のノウハウを、記憶や記録として【記号の世界】に留めおき、それを人類共通の遺産として活用してきた。これからも次々と新しい遺産を創り出し、後世に遺していくべく語りを続けていく。これはヒト以外の動物が為すことのできない、ヒトの最大の特技なのである。動物は遺伝子でしか進化できないが、ヒトは言葉で文明的な進化をするのである。

⑤我々は、行動範囲の拡大を図る

我々は、【記号の世界】の交感によって、アフリカでの人類生誕時の動物としての生域範囲を超えて、赤道直下の熱帯から凍てつく氷雪の極地にまで、生きる版図を広げてきた。

我々は大航海時代には新大陸を発見し、いまは宇宙ステーションの建設などにより、宇宙空間までをも、人類の活動領域として広げていこうとしている。これからも深海から宇宙空間まで、ますます行動範囲を拡大していくことだろう。

⑥我々は、連帯と分離独立について語る

我々は、遺伝子や本能を超えて、【記号の世界】のもとで、広く強く連帯の意志や意欲を表明し、実践して人間同士の連携をはかってきた。しかしまた、意にそぐわない集団からは、分離独立し、命を懸けて連帯の解消を試みることもする。この人間集団の離合集散が、連帯と独立を生み出した。これからも多くの人間集団が、合従連衡を繰り返していくことになるのだろう。

⑦我々は、物語を創作して、架空・仮定の世界を語る

我々は、絵空事を含めたあらゆる物語や芸術作品を【記号の世界】のもとであらわにし、それを他人に向けて語り、描きだす。この語りは、文学、芸術、芸能にかかわるすべてのヒトによって為され、人々は物語を楽しむことによって、カタルシスを味わい、実世界を生きる悩みや苦しみから、一瞬の間でも逃れて「生」を生きていく。

神話やフィクションを語り、過去や未来に身を置くのは、ヒトだけに与えられた特権なのである。

⑧我々は、神を語り、宗教、倫理を語り、自己の精神や魂を語る

我々は、宗教や哲学や倫理や道徳のもとに、自分自身を内省し、自己のあるべき姿を追い求め、心や精神や魂すなわち、本書が認識主体・世界解釈態とした自己そのものについての、探究を試みる。この試みは、ヒトが宗教、哲学、倫理、自己研鑽などで、「生」を問い直し、自己を問い糺す度に為される。

⑨我々は、語り自体を広め深めていく方法を学ぶ（表現形式の練化、精緻化を図る）

我々は、言語学、数学、論理学、話し方、文章術などを学び、語りの限界を広げていく。これすなわち、宇宙から吹きだす【記号の世界】の精緻化と整合性、無矛盾性を追求する姿勢である。

たとえばウィトゲンシュタインの文法概念、カントールの無限集合論、ゲーデルの不完全性定理などは、語りを錬磨し、【記号の世界】の操作の充実を図る営為のなかで見出され、充実がはかられてきた。

これからもヒトは矛盾なく物ごとを考え、自己が語ることについて、他人や他の人間集団とのコミュニケーションに、齟齬をきたさないよう、それぞれの立場から言葉や数学や論理の形式を学び続けていく。

ここからの（二）から（四）は、前述①～⑨のなかから特に③～⑥を抜き出し、それを別の角度から文章化したものである。次の三、以降を読み進めるための下地のつもりで書いた。

（二）我々は【記号の世界】を交感して、個人そして社会との連帯をはかる者である

ヒトの個体同士の交接をもある種の連帯と考えれば、ヒトは連帯しなければ生きていけない。本項は【記号の世界】に基づくヒトの連帯のあり方について考察する。

ヒトは縄張りを守り、群れを守るために闘う。その際、群れの内部においては、強い連帯と統制が要請される。軍隊に象徴されるような連帯である。外部に対しては暴力装置として連帯し、内部に対しては強い愛や団結を要請する。連帯は歴史上往々、内部において美しい愛の物語をはぐくみながら、戦闘相手に対しては、皆殺しなどの大虐殺を行なってきた。

古代や中世、そして近代においても、ヒトは戦争に勝つことをもって連帯の証とした。ヒトの集団は、戦争によって連帯を強めてきたのである。大王や将軍や軍人たちは連帯と統合の象徴となり、勝利のたびに英雄として崇められた。人類の歴史は勝ち組の歴史だから、負け組の悲惨さは正史に残らず、ヒトの社会においては、勝ち組のための栄光の戦史が創作され、伝え

られてきたのである。世界史の教科書から戦争を除いたら教科書が成り立たなくなるほど、ヒトは数限りなく戦争を繰り返してきたのである。

そもそも動物は、本能として縄張りを守り、家族から国家に至るまで群れを創る性癖をもっている。ヒトが動物に別れを告げ、神に少しでも近づこうとするならば、動物としてのヒトの本能は、何らかの制約を受けなければならなくなるはずである。

ヒトは、生活の糧を得て生き抜くために、連帯して働く。商品の生産と交換のために貨幣経済が発達し、生産方式と流通範囲は、いまや世界規模になり、資本主義経済体制は、形態を変化させつつ複雑化してきた。生産・流通機構における人々の連帯関係は、経済理論上の名ばかりの等価交換によって、大富豪の出現をうながすに至り、いまや彼らが世界経済や情報戦争を牛耳《ぎゅうじ》りつつある。資本主義をその典型とする交換経済は、転機を迎えているのである。

本書では取り扱わないが、ミクロの取引においては交換経済の形式を残しつつも、人類全体の生活をマクロでとらえるときには、資産の公正な配分に配慮する経済活動の時代が、いつかはやってくると筆者は信じている。

これからは殺し合いの戦争や、生産と流通の効率化を競う経済戦争のように、人間同士が争いまた競うために為す連帯より、気候変動や地球温暖化やパンデミック対策など、人類全体におよぼされる外部環境の変化に対応するための、全人類の全的連帯、すなわち和合の連帯に、連帯の重点を移していかなければならないと筆者は考えるのである。

(三) 我々は【記号の世界】により、人類共通の遺産を遺す者である

人類が遺してきた遺産について述べる。ヒトは他の生命体にはない【記号の世界】、すなわち言葉の効用によって、有史以来の文明や文化を代々継承してきた。その結果、遺伝子においてはそれほど大きな違いがないサルや類人猿とくらべて、ヒトは圧倒的に豊かな暮らしができるようになった。

人類のこれまでの文明や文化の進歩発展は、遺伝子に基づく進化によって為されたのではない。言葉によるノウハウの蓄積によってもたらされたのである。そうだとするならば、既になき先人たちが遺した膨大な遺産を活用する権能は、いまこの世に生きるヒト全員に、平等に与えられるべきではないか。

しかるに、先史以来の有名無名の先人たちが遺した、有形無形の膨大な遺産は、一部の国や一部の富裕層に独占され、優先的に使用されて、地球上の富は、地域や民族、人種などの間で、大きく偏在してしまっている。

２０１８年の国際ＮＧＯ「オックスファム」の発表によれば、世界で1年間に生み出された資産の増分の82パーセントが、世界で最も豊かな1パーセントのヒトによって独占され、経済的に恵まれない下から半分（37億人）のヒトは、まったく資産が増えなかったということである。

さらに上述の傾向が近年顕著となったためか、世界不平等研究所は、世界の上位1パーセントの超富裕層の資産が、世界全体の個人資産の37～38パーセントを占めることとなり、その不平等は今後も広がり続け巨大な水準に達するというトマ・ピケティ氏ら１００人超による報告書が、２０２1年に公にされている。

上述したように1年間の増加資産の82パーセントを、上位1パーセントのヒトが取得してしまうような傾向が続くということであれば、上位1パーセントのヒトの個人資産は、２０２２年以降は37～38パーセントからさらに急速に拡大し続け、不平等の度合いは今後破天荒な状況に達するはずである。

我々はいまや、先人の発明や発見に基づく財産を、地球上に「生」を生きるすべてのヒトが等しく享受するべく、商品や貨幣の交換の仕組みとしての資本主義を、連帯に基づく財の正当な配分に置き替えていく方策を考えなければならないのである。

途上国に対する単なる金銭面での援助や実物給付だけでは、人間集団間の生活の格差は解消せず、飢餓問題や難民問題は解決しない。これからは草の根の現地指導や、地域間の局地戦闘の撲滅により、人々がその地に平和に暮らし、他の地域への難民流出が生じないような方策が講じられなければならないのである。

要は地域援助や難民受け入れだけに限定しないで、我々は財力や政治力・統治能力を含めた総合的観点から、地球上の辺境の解消に努力していかなければならないのである。難民問題をこのままにしておくと、各地でますます社会不安が増大し、難民がますます先進国家に流入していくことになるだろう。

ところが資本主義は、資本や財や商品の交換を中心にその仕組みが成り立つため、辺境の存在や集団間の差異がなければ成りたたないのだ。筆者は資本主義の根元的な問題はそこにあると思っている。

(四) 我々は【記号の世界】の伝達により、恨みや憎しみ等の負の遺産を後世に遺す者である

さらにいま1つ記しておく。【記号の世界】は、前述したように発明・発見などによって人類に多くのプラスの遺産を継承した半面、現世や後世の人々に恨みや憎しみや差別などのマイナスの遺産を植えつけてきた。

人種問題や民族問題や宗教問題、そして隣国との境界問題は、人類史において地域や時代を超えて生起し、集団間の憎悪となってわだかまり、代々語り継がれてきた。このマイナスの遺産は、これからも人類集団のなかに澱となってたまり続け、除けようとして手をつければ一層拡散してしまう、本当に厄介なものである。それらを何とか無毒化して解消するべく、我々はこれから真剣に努力していかなければならないのである。

そのような状況にもかかわらず、昨今の政治指導者たちは、国内での人気を高めたり、また国内問題の不安から国民の目をそらすために、そして自分の地位の安泰を保つために、国益の名のもとに、他国を貶めることに専念し、トマス・ホッブズをもじっていえば「万国の万国に対する闘争」が臆面もなく繰り返されているのだ。昔から多くの国の国民が、為政者によって劣情を煽《あお》られ、隣国に対する嫌悪感を醸成してきたが、それらは現在にいたっても、人間集団に連綿と伝わり、残されているのである。

一方で国家の指導者は、ローマ帝国の詩人ユウェナリス（西暦60～130頃）が当時の世相を揶揄《やゆ》してその『詩篇』で表した「パンとサーカス」や、徳川家康が引用したと言われている『論語』（泰伯八之九）』にある「由らしむべし、知らしむべからず」などの言辞を、いまだに民心操作の有効な方法と考えているように思われる。

ここまで大規模になった近代オリンピックも、特に近年においては、ユウェナリスの言うサーカスに代わって、安易に政治の道具とされてきたことが見てとれる。今後もこの動きは続いていくのだろう。オリンピックが各都市の主催により開催されるという当初の理念は、まったく形骸化してしまい、ほとんどが国家主導で、愛国精神の昂揚を目的として開催され、参加各国の優勝選手は、国家をあげて顕彰されるなど、政治がオリンピックを国威発揚の道具としていることは、あまりにも明白である。

20世紀は、国民国家とも主権国家とも言われる国家群が、史上最大の物質的繁栄を創りだすとともに、史上最大級の人間殺戮を行ってしまった。そしてそれは、21世紀になってもまだ続いている。近代は、地球にかつてないほど大きな善と悪をもたらしたのである。悪への対応については、現代に「命」を生きる我々が、一丸となって解決を図らなければならない問題だ。しかし簡単に解決するとは考えられず、未来の人類にまで、大きな試練として重くのしかかっていくのだろう。ヒトが動物の性《さが》を薄めるべく努力しなければ、この問題は解決しないのではないか。

ヒトは動物と異なり言葉をつかうのだから、言葉をもって、動物を超えた人間として生きるべく、中国でよく言われる、聖人君子への道を歩んでいかなければならないと考えるのである。特に政治に携わる国家の指導者にはそれが強く求められるのだ。

三、立憲政体・専制政体・基本的人権を語る

本項は、近代の国家体制と基本的人権について、5つの断章を語る。（一）から（三）が国家体制、（四）と（五）は基本的人権についての語りである。

（一）民主主義の衰退と専制政体の再現を懼《おそ》れる

はじめに20世紀の国家の姿を振り返る。

20世紀は社会主義国家が誕生した世紀である。政治的には、自由主義・民主主義国家と社会主義・共産主義国家が、経済的には、資本主義と計画経済とが併存して、東西対決の世紀となった。

またこの世紀は、西欧各国が地球規模で展開した植民地政策が破綻し、民族自決運動が多発

して、政治的に未熟で、経済的にも貧困な南の国と、北の先進諸国との間に、南北問題が生じた世紀でもあった。

ただ21世紀になると、この東西問題・南北問題は様変わりすることとなった。東の一部の国が、政治的には自由主義、民主主義とは真逆の体制をとりながら、経済的には資本主義にモデルチェンジして、計画経済から国家資本主義体制へと変質したのである。ちなみにここで言う国家資本主義体制（ステートキャピタリズム）とは、国家自らが資本主義経済のプレイヤーとして、経済活動や諸生産活動に深く関与する国家体制を言う。

具体例をあげれば、20世紀も1990年代前半までは東の共産主義国家であり、かつ南の経済弱小国と思われていた中国が、20世紀末から21世紀に至るや急速に、東の国家でありながら北の経済大国となった。いまや中国は、ステートキャピタリズムの典型と言えるのである。

国内に巨大な労働市場と購買力市場をかかえながら、国際交易を通じて巨額の富を蓄えることとなった中国は、たとえば大規模な軍事、宇宙関連、医療関連などの研究開発に、国家の総力をあげて取り組むことができる。そしてそれが軌道に乗ると、生産した商品や蓄積した資本を武器に、民間の商取引ベースだけでなく、それを国家の世界戦略のもとで、政治的に有効活用することになる。

政治と経済・通商が一体で運用されるとなると、アジアやアフリカそして東欧諸国など、国家の数においては圧倒的多数を占める南や東の諸国に対する政治的経済的な影響力は、政経分離を基本とする西側の政治経済体制に比べて、大きな優位性を発揮することになる。

中国の覇権国家化を目の当たりにした、まだ離陸ができていない南や東の多くの国々にとっては、伝統的な民間型の資本主義より、ステートキャピタリズムのほうが、資本の運用・人材の活用のどちらからみても効率よく見える。これからも中国と同じような政治体制を指向する国家が多く出現してくることは想像に難くない。

実はこれは、日本が明治以降、殖産興業の名のもとに、国家と経済を発展させた手法のコピーである。明治期日本は官営工場をたくさん造り、西欧に追いつき追い越せの掛け声のもと、産業発展に邁進した。しかしやがて官営工場払下《はらいさげ》概則を定めて多くは民営化し、西欧型の経済体制に順応する形をとった。

とは言うものの、官のいわゆる行政指導は、第2次大戦後も金融と基幹産業全般にわたって連綿と続き、往時は日本株式会社と言われたように、日本の1990年代までの経済発展の中核は、官僚主導の国家資本主義体制によって堅持されたのである。

いまの南側の多くの国の、特に権力を保持する特権階級・指導者層は、西欧型より中国型

（昔の日本型）に、より魅力を感じていることは明白である。それが今後の国連の場やその他の国際政治の場における、西欧型民主主義国家群の影響力低下に、ボディブローのように効いてくるような気がするのだ。

「光は東方から」とか「西方浄土」という言葉がある。地球の自転がヒトの行動や精神に影響を与えるからか、文明の興亡と覇権国家の変遷は、基本的に太陽を追って西回りで推移してきた。近代文明のもととなる文明は、オリエントやエジプトからはじまり、古代ギリシャ・ローマ、ヨーロッパ、イギリス、アメリカ（東海岸からの西進）と西回りで推移し、それがいまや太平洋を渡って、中国にまで到達した。これからはインドに向かっていくのだろう。

１９９０年前後に、一瞬日本がナンバーワンになると思われたときがあった。しかしそれは、アメリカ発中国行きの列車が一時停車したようなもので、いまや中国が覇権国家となって、日本は大きく後れをとることとなったのである。

中国という国は、４０００年になんなんとする専制政治の歴史を有する。専制政治においては、支配者層と被支配者層の階層や身分は画然と区別され、支配者層は被支配者層を一切顧慮せずに統治にあたる。中国の隋、唐、元そして直近の清王朝のように、他民族が支配する王朝は、いったん覇を唱えるとすぐに専制国家体制を確立する。たとえ秦や漢や宋や明などの漢民族による支配であったとしても、広大な地域にわたる多くの人民を傘下に収めるには、専制体制しかなかったのである。

それに対して独裁制は、たとえばナポレオンやヒトラーのように、国民の大多数によって権力を付与された統治者と、権力を付与した被統治者が、同一の階級や身分に属する政治体制である。専制政治と独裁政治との違いは明白なのである。

中国は支配者・被支配者とも、３０００年の長きにわたって、専制政治を受け入れるＤＮＡを有している。１００年単位で考えると、現在の中国は、共産党独裁体制から共産党専制体制へと移行することもあり得べしということだ。党員と非党員の身分に画然とした線引きをなし、時間をかけて党員と非党員の身分を階層化しても不思議ではない。国家主席の神格化や任期の長期化は、その兆しかもしれない。

中国は歴史的に、周辺国を東夷・西戎・南蛮・北狄として、朝貢外交を強制してきた。その彼の国が、中華人民共和国すなわち「中華」の名のもとに、やがては地球全域に覇を唱える姿を想像してみるがよい。中国共産党の専制体制のもとに、多くの国家が東夷・西戎・南蛮・北狄とされて、隋唐時代の日本のように、朝貢外交に明け暮れる姿を想像するということだ。

①香港ではすでに完了し、次は台湾から徐々に東南アジア・太平洋諸島にかけて侵食が為されていく、民主主義の駆逐活動と、②アフリカなどの南の国への国家資本主義体制樹立に向けて

の影響力の発揮と、③ヨーロッパ各国との交易を通じた利益共同体の構築と、そして④アメリカとの覇権を賭けた争い。すなわち地球を4地域に色分けして、別々の戦略のもとに中国が展開していく、4方面作戦を、それぞれの方面の当事国となる世界各国が、どのように受け止めるのか、今後大変気にかかるところである。

もちろん日本も近隣国として、大きな影響を受けることになる。中国の世界制覇の戦略は、このように長期的視野のもとになされていると考えなければならない。これは単に政治体制だけの問題ではない。人類の将来、ヒトの未来の生き方という、人類のあるべき姿を賭けた根本問題となるのである。

怖いのはジョージ・オーウェルの『アニマルファーム』や『1984年』に書かれているような社会であり、国家である。現代のテクノロジーをもってすれば、国家はいまや個人の思想や財産や嗜好や位置情報、その他あらゆる情報を掌握したうえで、政権にとって危険とみられる個人や団体の行動性向を、現実化する前にあらかじめ無力化してしまうことが可能なのである。

これから地球上の国家が二手に分かれて、一方は近代が成し遂げた民主制の政治体制をさらに推し進めようとする国家群、他方は近代以前の永い歴史のほとんどすべてを覆いつくす王政、皇帝制等の独裁政治・専制政治を標榜する国家群、この双方の覇権争いになることが考えられる。古代ローマの共和制があっという間に皇帝制に移行した例に鑑みても、民主・共和制が勝利するとは予言できないし、断言などできるはずもない。歴史を見れば、専制・独裁政治のほうが、圧倒的に一般的な政体であり、国家統治に関してはむしろ優位な体制と言えるのである。

両者の対決は、20世紀における資本主義国家と共産主義国家の対立という、経済体制の争いよりはもっと本質的な、自由民主政治と専制政治との深刻な覇権争いとなる。我々は、それがいま現実化していることを認識しなければならない。この原稿の初稿を書いたのは２０２０年10月だが、２０２２年２月のロシアのウクライナ侵攻、２０２３年10月に端を発したイスラエルのハマス全滅作戦に伴う中東情勢の不安定化、これからの東南アジア、東アジアの台湾問題がきっかけとなるであろう地政学的変化を考えると、すでに世界は分断しているのである。

米中に挟まれて、中国から至近の距離にある日本は、万一台湾と韓国が中国に取り込まれてしまえば、中国から見れば米中のせめぎあいにおける、目障りな眼前の最前線となる。そして米国本土は、太平洋を挟んでずっと後方だ。いまの日本には、この地政学的状況を直視したうえでの覚悟と対策があるとは、とても思えない。

アメリカから大量の武器を買って、アメリカ軍と日本の自衛隊が一体となって武力を行使すれば、日本は中国からの攻撃をしのげるのか。そのときアメリカは、日本を前線に据えて、米本土の防衛にもっぱら注力しながら、日本をその限りで利用するだけではないのか。

そんなことを考えると日本は、これからは武力を用いた過去の2つの世界大戦型の総力戦とはまったく異なる戦争をしなければならないのだ。それがどんな戦争になるのかは想像もできないが、いずれにしろ、あの酷かった世界大戦を三度《みたび》繰り返す愚は、なんとしても避けなければならないのだ。日本が数十兆円の予算を武力に投じ、米国の兵器を買って国力を徐々に衰えさせていく行為を見ると、筆者には第二次世界大戦の戦艦大和や武蔵を造ったあの時代遅れの大艦巨砲主義の悪夢が思い出されてならないのだ。以下の小論は、このような悪夢の反省をもとに、記すものである。

(二) 東側共和制国家と南側共和制国家の独裁国家化をどう考えるか

はじめに近代以降の国家体制を、発展形式に応じて大まかに4つに類型化する。

まず君主制国家と脱君主制国家に分ける。脱君主制国家とは、①君主制が廃止されてできた共和制国家、または②西欧先進国家の植民地などであった地域が、宗主国から独立してできた共和制国家、を指す。「共和制」については、古代ローマの共和制以来、種々の定義がなされてきたが、ここで本書は、単純に旧来の君主制国家以外の非君主制近代国家を、共和制国家として扱うこととする。

次に国家の主権者に着目する。近代国家は①領土と、②国民と、③一般には主権と呼ばれる国家を統治する統治権、の3つの要素によってなる。そこにおいて、主権者が国民である国家は、民主主義国家、それ以外の国家は、非民主主義国家である。

ここで問題が生じる。国家の形態を判別する君主制と共和制は、その国の伝統的君主が元首とされているか否かによって一目瞭然であるが、民主主義国家と非民主主義国家は、簡単には識別できないというのが、その問題である。

民主主義国家とは、「国民が主権を有する国家である」と言うは易いが、その内実たるや実に複雑である。独裁国家の指導者もたいていは、自国を「民主主義国家」とする。選挙で選ばれた自分が国家の統治に当たっているのだから、自分の国は民主主義国家であると、選挙の不正には頬被りして、民主主義国家をいいはるのが、ごく一般的なのだ。

それはさておいて、ここでは上述した国家を、４つに類型化する。

①君主制非民主主義国家（君主制絶対国家）
②君主制民主主義国家（君主制立憲民主国家）
③脱君主制民主主義国家（共和制民主国家）
④脱君主制非民主主義国家（共和制独裁国家）

上は、君主制、脱君主制と、民主主義、非民主主義を機械的に組み合わせた形式的名称である。下は、それを歴史上呼ばれている典型的な国家形態の名称で記したものだ。具体的に説明する。

①の君主制絶対国家は、17世紀のフランスにおいて太陽王とも言われるルイ14世が、「朕《ちん》は国家なり」と言ったのを典型とする、君主が絶対的主権を有する国家形態である。スペイン、イギリス、フランスを典型的な例として、ヨーロッパには多くの君主制絶対国家が生まれた。現代では非常に少なくなったが、しいて例をあげれば、ブルネイやアラビア半島周辺の国王が支配する国家群がこれに属する。

②の君主制立憲民主国家は、歴史的には英国で13世紀ころに萌芽が見られ、ゆっくりと形成されていった。王と議会とのバランスの中で、議会が勢力を伸長し、最終的には、君主は「君

臨すれども統治せず」とされるようになった国家である。ヨーロッパの多くの国家や、明治から現在に至る日本も、君主制立憲民主国家の形をとる。

③の共和制民主国家は、ⅰ市民革命や共産主義革命によって、君主制が廃止された国家、ⅱ西欧諸国によって植民地化されていた旧大陸や新大陸の植民地が、民族自決運動などによって宗主国から独立して生まれた国家、という2つの型がある。フランスその他のヨーロッパのいくつかの国は、市民革命によって王制が廃止され、アメリカは英国との独立戦争によって、共和制国家が誕生した。ソ連や中国は社会主義・共産主義革命によって、君主制が廃止されて誕生した国家だが、当初は共産党一党独裁による民主主義国家（社会主義国家）を標榜する形で生まれた。アジアやアフリカや中南米の植民地から独立した多くの国々も、建国の精神においては共和制民主国家を目指していたところが多い。

④の共和制独裁国家は、市民革命や共産革命の後直ちに、またはいくばくかの時をおいて、民主国家が、何らかの理由により独裁国家化したものだ。また植民地から独立した場合においても、新国家の政治リーダーが、いつのまにか独裁者に変質するというかたちで、共和制独裁国家が数多く出現することとなった。

以上のように類型化して整理した理由は、現在世界に存在する200近くの国家の多くが、いま③から④即ち共和制民主国家から共和制独裁国家へと逆走しつつあることを踏まえ、今後の動向を語るためである。

2011年には世界人口の約50パーセントの人々が、民主主義の国家体制のもとにあった。しかし10年後の2021年には、それが30パーセントに減少し、世界人口の70パーセント、54億の人々が、いまや独裁国家のもとの国民となってしまった。

その独裁国家の中の、約30カ国は、閉鎖的ないわゆる本来的な独裁国家・地域だが、その他の国家は、選挙によってまたは特別な制度によって選出された独裁者によって統治されており、それらの国家は、いままさに破竹の勢いで増加傾向にあるのだ（出典は2022年9月11日付東京新聞日曜版　大図解学校の教材に役立つシリーズNO1577・他スウェーデンの独立研究機関「V-Dem研究所」2018年3月19日発表・英オックスフォード大「Our World in Data」等）。

これは、民主主義国家こそ人類の進むべき正しい国家の姿であるとし、歴史はそのように進むはずだと考えてきた先進諸国の国民にとっては、ショッキングなできごとであろう。でも人類の長い歴史を冷静に眺めると、有史以降の文明社会において、民主制のもとにあった国家は、ごく少数にとどまる。そしてそれらの国家も、たかだか300年程度で民主制が終わっているという世界史上の事実は、ここに再認識されなければならないのである。

以上の認識のもとで、先に4分類した国家群について、はじめに君主制国家について簡単に述べたうえで、特に共和制国家に焦点を当てて、再説を試みる。

現在も依然として君主制国家体制を維持している西欧各国や日本が、脱近代に向かって王室や皇室の廃位にまで進むかどうかについては、たまに各国の王室のスキャンダルが報じられる程度では、なんとも言えない。ただ少なくともアラブ諸国の絶対王政は、石油資源の重要性が減少する事態になれば、絶対王政の維持はもとより、立憲君主制になるのも難しく、直ちに共和制独裁国家となる可能性が高いと言える。

後述するように君主制立憲民主国家体制は、民主政権の安定度が高いので、私見として日本は、君主制民主国家体制のままが良いと考えている。問題は現在の共和制国家群の独裁国家化がこのまま続くのか、いったん止まるのか、はたまた民主化への回帰がはじまるのかという点なのだ。

その共和制国家体制についてである。君主制から共和制に至る途は3通りあった。第1は市民革命により君主が倒されて共和制に至った途だ。これを西型の共和制とする。市民革命が西ヨーロッパ諸国からはじまったからである。

第2は社会主義、共産主義革命によりなった共和制で、東型の共和制とする。革命が旧ソヴイエト連邦や中国すなわち東側を起点としてはじまったからである。

第3は植民地解放・民族自決による共和制で、南型とする。南北問題における南の国々によってなった共和制だからである。

上記各共和制の中では、前述のとおり東型と南型の独裁化、すなわち脱君主制民主主義国家の、脱君主制非民主主義独裁国家化が、いまの主たる潮流なのである。

しかし振り返れば、西型もたとえばフランス革命後のナポレオンの皇帝戴冠や、ナポレオン3世の第2共和政大統領から第2帝政へのクーデター、ドイツワイマール憲法下のヒトラーの台頭など、独裁者はちょっとしたきっかけで簡単に出現する。ロシアのプーチンもその1人と言える。共和制国家は君主がいないので、多数の国民の支持を得て、公正な選挙を実施したという形式をとりさえすれば、君主を打倒する労を要しないで、国家指導者が元首になり、さらに独裁君主から専制君主にさえなることができるのだ。

現在問題になっているのは、東型のロシア・中国を中心とした国家群の独裁制だ。共産主義はもともと共産党一党独裁を標榜《ひょうぼう》しているから、基本的に民主主義とはなじまず、中国はそこに長年の専制政治の伝統が重なって、西側の共和制民主主義になじむことは簡単にはできなかったし、これからも簡単ではなかろう。旧ソ連の傘下にあった各国も、地理的に西側に近い国は苦労の末、独裁者を倒して民主国家になることができたが、まだまだ独裁色の強い国が多くある。ジーン・シャープの『独裁体制から民主主義へ』（筑摩書房）を読むと、民主化への道は険しいが、「為せば成る」ことが、具体的実績をもとにして、雄弁に書かれている。

これからの問題は、この東型の独裁国家群と南型の独裁国家群が連携して、国際政治に発言力を強めていくことだ。それらの国々は、国家の数においては、いまや旧来の西欧型民主主義国家を圧倒的に凌駕《りょうが》しているのである。そのうえそれらの国々は、過去数世紀にわたって、西欧先進諸国からもろもろの搾取を受けてきた具体的な被害体験と、精神的にも差別を受けた心情的なわだかまりを、強く持っているのである。

この文脈からウクライナ戦争を見ると、この戦争は人類の文明史上まれにみる大きな意味を持つことがわかる。どのように決着するかは、大変気がかりである。戦争が決着したらすぐに国連改革が叫ばれることとなるだろう。その結果国連がどのように変容するかは、この戦争の勝敗の結果と、各国の意向、動向によって決まることとなる。それは人類の将来が、近代化の成果を生かした、民主主義のもとにおける本当の基本的人権の確立に向かうのか、近代以前の独裁的政治に戻るのか、これからの人類の行方を左右することとなるのである。次なる国連の改革に強い発言力を持つのは、決して旧来の西型の民主主義国家だけではない。グローバルサウスとも呼ばれるようになった、新興の国家群が大きな発言力を持つであろうことは十分認識しておかなくてはならない。

これ以上長々と書くのは、随想としての「第二部」の体裁を逸脱するので、後著に譲ることとするが、ここでは以下の3点を指摘しておく。

①各国の政治体制は、長い歴史の中で革命や戦乱により、それぞれ多くの国民の命を犠牲にして成立した。その経緯を考えると、独裁政治・専制政治の強権性や腐敗の心配、民主政治の非効率性やポピュリズム化を互いに論難しあって、イデオロギー論争を展開しても、どちらかに向けた建設的な解決がなされるとはとても思えない。多大なる国民の犠牲において創られた多くの現国家体制は、外部からは簡単には変えられない。国家体制の変革は各国内で対処してもらうしかないのだ。

いま世界が抱える喫緊の課題は、国内問題に容喙《ようかい》して相手国をミサイルで攻撃し、さらには軍隊を出兵して武力制圧するような、武力による国境や海域の現状変更を厳しく禁止するルールを、実質的に確立するべく、国際間で有効な手立てを講じることである。この点については次の（三）『「万国の万国に対する闘争」を回避するために』、を参照されたい。

言いたいことは、理屈はなんであれ、主権国家の主権や領土の侵犯は絶対に許されるものではなく、それを侵した国は、報復を受けなければならないということである。これを国際ルールで明確に定め、それを担保する国際組織を準備するべきなのである。４００年も前にできたハンムラビ法典の「目には目を」の「同害報復」の原則が、ここにあらためて、明確に検討されるべきなのだ。

核を持たない国が特定国の核の傘のもとで守られる現在の状況では、大国の専横を防ぐことができないことを、国際社会は、あらためて認識しなければならない。将来は核兵器の全廃を目指すべきだがそれまでは、万一核保有国が核を使用すれば、それがいかなる理由でなされたものであっても、その他の核保有国が連合し、核を使用した国家の国土に、必ず核攻撃を加えることを、単なる条約の形でなく核兵器を使用した国に対する強制的制裁条項として、国際機関において決議しておくべきなのである。

プーチンの核兵器使用の威嚇は、過去の大国間の暗黙の核抑止力を、無力化してしまった。これからは、核を使えば必ず他の複数の核兵器を有する国家連合によって、その国の領土にそれを使い返されるという、いままでよりはもっと強力な核の抑止力を、あらためて構築しなければならないのである。そうしないと小国たとえばイラン・北朝鮮等の核開発をおさえられないし、今後も核保有国がどんどん増えていく恐れがある。日本だとて核兵器開発の流れに抗しきれなくなるかもしれないのである。

国連はウクライナ戦争の終結を機に、直ちに他国への武力攻勢・派兵侵略問題に着手して、特に大国が小国に攻め込む理不尽に対応しなければならない。独裁国家にも大国と小国があり、小国は領土に限らず経済的にも、常に大国に飲み込まれる脅威に晒されているのである。ここで大国とはアメリカ合衆国、ロシア連邦、そしてこれからの中華人民共和国を言うことは言をまたない。日本も、被爆国にとっての安全保障という意味から、この問題が喉元につきつけられて対米追従外交を強いられているのである。

国家同士が支配・被支配関係を避けられるような仕組みづくりは、近代の国民国家がたとえ小国といえども主権国家として(一)統治権、(二)最高独立性、(三)最高決定権(『芦部憲法』第7版40ページ)を有していることからして、当然のことなのである。

民主化をどう達成するのか、独裁制を肯《がえ》んじるのか否かは基本的には、当該国の国内問題であるが、その国を主権国家として認めるか否かは、国際的な問題である。国連は200カ国になんなんとする加盟国がすべて主権国家であることを、すでに承認しているのである。そうであるなら、その主権が侵された場合の対処の方法は、国際的なルールを作ってそのルールのもとに、すべての国家が一体となって順守を誓わなければならないのだ。大国による横紙破りは許されないのである。

第二次大戦の戦勝五カ国が常任理事国になっている現行の国連安全保障理事会体制は、抜本的に変革される必要がある。日本が常任理事国になれるよう各国にはたらきかけるといった行動は、国連の本当の改革とはなり得ないのだ。日本は現在大国とされている数カ国の意向を重視する言動を控え、第二次世界大戦以降新興した多くの国々のまとめ役となって、第二次大戦の終結をもとに作られた国連を、現状に見合った体制に造り変えていかなければならないのである。

②中国は、台湾問題を国内問題としている。国内問題なら、外国と戦うための組織である中国の軍隊が台湾に侵攻することは、理に反する。台湾が中国固有の領土だというなら、台湾に治安上の問題が生じた場合に限って、それは中国国内の警察権の行使によって、解決されるべき問題のはずである。

万一中国が軍隊を用いて台湾に侵攻するようなことがあれば、それは中国が台湾を外国とみなしたことになる。その際は世界の国々が、台湾を国家として承認することにはまったく問題がない。その場合の中国の台湾進攻は、ロシアのウクライナ侵攻とまったく同列とみなされる。これから見直されることとなる国連改革に基づき、当然海外派兵問題として対処されることとなるのである。

　結論として、台湾の人民が、中国の共産党一党支配の政治体制に組み込まれることを望まない限り、中国は台湾を自国とすることができないことになる。台湾人が中国を選ぶ可能性もなくはないが、もしそうなったら「それはもういかんとも為しがたい」と考えなければならない。反対に台湾の人民が、中国の一部として組み込まれるのを望まなければ、中国政府が軍隊を使って自国化することは、他国に対する軍事侵攻に他ならないのである。

③君主制民主国家も共和制国家も、普通は国家統治を為す組織と、その組織を動かす人、すなわち統治機構とその働かせ方については、厳格に定められた法がある。その法は近代市民革命を経た現代法のもとでは、おおむね正当に定められている。要はいま各国家においてその法が正しく運用されているかどうかが問題なのだ。
　政府が、昔の夜警国家のような限定された小さな政府の時代から、公共投資や社会福祉関連や軍事関連に莫大な予算が投じられるような大きな政府になったいま、強大な戦力を有する軍を傘下に置く政権に向かっての、むかしの百姓一揆や民衆蜂起のような政権転覆は、戦力のアンバランスから見て、もうあり得ない。

　先に記した通り、共和制の国家が独裁国家に変化するのは、軍の介入による軍事政権の樹立を除けば、不正な選挙を通じてなされたものが圧倒的に多い。それを防ぐのは、それぞれの国の国民の選挙行動である。日本は君主制の民主国家で、天皇制のもとにあるから、独裁者が現れるときには、独裁者は天皇制を廃止または無力化しなければならず、それは共和制国家よりも格段に困難で、その蓋然性は極めて低い。

それでも歴史を顧みると、独裁者が天皇を担いで国を統治する動きは、史上何度も見られた。摂関政治や幕藩体制や軍部主導政権のように、時の政権が天皇の権威をわがもののように利用することは、その時代時代で行われてきたのである。

そうは言っても天皇制は、独裁者の直接的な排出を抑えることができるという点で、それなりに意味のある制度である。現在世界各国で国民の分断化が進んでいる。日本は例外であると言い切れる状況にはないが、将来日本国民の分断化を最後に止めるのは、２０００年にわたる天皇制のもとで培われた、国民の一体意識によることとなるのかもしれない。その意味で我が国の天皇制は、「日本国の象徴であり日本国民統合の象徴」として積極的に評価されて然るべきである。

ただこのような特質をもってしても、日本のいまの国家統治体制には不安を隠せない。その原因は、多くの国民が将来の生活に不安を感じていることや、貧富の格差、男女格差、雇用格差などの国民間の格差が、いつまでたってもなくならないどころか、逆に拡大傾向にあることによる。また政府の側も、数の力を背景に、民主政治をないがしろにするよう、様々な方策を用いて基本的人権への締めつけを強めているように思われる。

近年の日本における行政府の最大の悪行は、近代史において確立した立憲政治の役割や理念を無視した憲法に反する政治を、行政府自らが選挙結果という数を頼みに、決行していることである。詳しくは本項（四）基本的人権について　および（五）社会権について考える　と、次項以降の四、日本国憲法の改正を語る、五、檄!!　野党は改憲の旗のもと共闘し　政権交代を果たして　真の憲法改正を　実現せよ!!　において、論ずることとする。

（三）「万国の万国に対する闘争」を回避するために

いまから370年も前の1651年に、トマス・ホッブズ（1588~1679）は『リヴァイアサン』を出版した。その中に「万人の万人に対する闘争」という有名な言葉がある。ヒトの自然界における能力は、ほぼひとしく造られているので、人々が同一の物や土地を求める場合、それらをめぐって必ず闘争が発生し、自分が相手に、殺《や》られないためには、相手を殺《や》るしかないということになる。ホッブズは、「万人の万人に対する闘争」は、ヒトにとって必然の事象としたのである。

そして、人間が闘争を解消するには、闘うもの同士のあいだで、同意できるなんらかの平和条項が必要であるとし、これを「自然法」と名づけた。自然法は2つある。第1の自然法は「各人は望みのある限り、平和を勝ち取るよう努力すべきである。それが不可能の場合には、闘争という手段によって自己の利益を求めてよい」というものである。これでは勝敗が決するまで闘争は続く。

闘争の回避は第2の自然法に示される。それは「平和のために、また自己防衛のために必要であると考えられる限りにおいて、人は他の人々も同意するならば、万物に対するこの権利を喜んで放棄すべきである。そして自分が他の人々に対して持つ自由は、他の人々が自分にたいして持つことを、自分が進んで認めることのできる範囲で、満足すべきである」というのだ。「万人の万人に対する闘争」から抜け出すためには、各人が相互の同意に基づいて権利を放棄する必要がある。なぜなら、権利を有している限り、闘争の原因はなくならないからだ」そうホッブズは言うのだ。

これを近代国家に当てはめてみる。第1の自然法は、「国家は望みのある限り平和への努力を為すべきである。しかしそれが不可能なら、戦争によって利益を確保することが許される」、ということになる。

これは現在に至るまで、近代国家がずっと取ってきた、相手国を交戦権の行使によって屈服させるという考え方である。プーチンはこの第1の自然法のもとに、ウクライナへの侵攻をはじめたのだ。ホッブスの個人間の闘争の考え方を援用するならば、国家は第2の自然法によらなければ、戦争を回避することができない、とホッブズは言っているのだ。

ホッブズの個人間の闘争に戻る。ホッブズは上に述べた通り、第2の自然法で、「万人の万人に対する闘争」から抜け出すには、各人が同意のうえ、各人の権利を喜んで放棄しなければならないとする。しかしこれが個々人の善意に基づきスムーズに進むとは考えられず、自然法は人々の良心に働きかけるだけでは、現実の問題解決のための拘束力とはならない。

それゆえ「個々人の快適な生を確保するためには、個人に対して強制力と実効性を有する公共的な権力（コモン・パワー）によって、安全保障を行わなくてはならない。さもなければ個人間の契約は容易に破られてしまい、永続性を持つことはできないことになる」と言う。

ではこの権力は、どのようにすれば確立できるか。「この権力を確立する唯一の道は、すべてのヒトの意志を多数決によって一つの意志に結集できるよう、一個人あるいは合議体に、彼らの持つあらゆる力と強さとを譲り渡してしまうことである」「これは同意もしくは和合以上のものであり、それぞれの人間が、たがいに契約を結ぶことによって、すべての人間が一個の人格に真に結合されることである」「これが達成され、多数の人々が一個の人格に結合統一されたとき、それは〈コモンウェルス〉――ラテン語では〈キウィタス〉――と呼ばれる国民国家となる」。

こうしてできたコモンウェルスは、国王や議会によって担われることになり、国民はそれらに権利を委譲し、それらに従属することになる。国王や議会は人々の総意を踏まえ、国民の代理人として行為しなくてはならないが、一方の国民は国王や議会の行為を、自分の行為として承認しなくてはならない、という義務を負うのである。

これはいまから370年以上も前に提唱された。それから長い年月が経ち、いまや地球上のほとんどすべての国家は、国民に対して、統治権のもとにこの強制力を持つこととなった。ある国は民主的な法の下、ある国は独裁的な権力機構のもとに、この統治権を行使しているのである。それぞれの国家は、民主制、独裁制、専制政体にかかわらず、国連加盟が許されれば主権国家とされる。すべての国民は、それぞれが属するその主権国家の統治権のもとに、「生」を生きるのである。

この考え方を近代国家に当てはめてみる。近代国家同士の関係は、いま現在においても基本的には「万国の万国に対する闘争状態」のもとにある。各国は第1の自然法のもとに、外交交渉や首脳外交を通じて平和に向けて努力するが、国際法上不戦条約等で一応は禁じられているとは言え、近代国際法では、各国は原則として戦争をする権利を有しているのである。そしてこの第1の自然法のもとで、人間は地球上の多くの地域で、局地的な紛争を頻発させているのだ。

ところで第2の自然法に言われる、国家がそれらに権利を委譲し、それらに従属する、「コモンウェルス・キウィタス」に該当する国際機関があるかと言うと、あるにはあってもまったく不完全な機構のもとで、機能不全を起こしていると言わざるを得ないのだ。個人や国家内の諸団体を縛る国民国家（コモンウェルス・キウィタス）のように、国家を縛る仕組みは、昔の国際連盟、いまの国際連合を超える形では、存在していないのである。国際連合の最大の問題は、「安全保障理事会」の運用不全にある。

少し実情を見てみよう。英国をはじめヨーロッパの近代国家の原形は、ホッブズの上述した考え方だけではなく、ジョン・ロック（1632〜1704）やシャルル・モンテスキュー（1689〜1755）やジャン・ジャック・ルソー（1712〜1778）などの考えも取り入れて作られたが、それらは旧来の王権神授説に基づく絶対王政を打ち壊し、自然法のもとに市民が社会契約によって民主主義国家を作り上げることに預かって力があった。

近代市民革命を経た各国家は、徐々に民主国家として成長していきながら、地球上の未開発の地域を植民地化すべく、熾烈な闘争を繰り広げていった。そして各国の版図が徐々に固まっていくなかで、特に第2次世界大戦を挟んで、それぞれの植民地で民族自決主義が勃興し、国家の数が約200カ国にも膨れあがり、南北問題が大きな問題となってきたのである。一方ではマルクス主義の下で共産主義国家が生まれ、東西問題も同時に生起したのが20世紀であった。以降国家の数が急増し、国家の実質的形態がバラバラで、互いに国境が接しあい、公海上の権益争いも熾烈になっている昨今、あらためて国家間の武力紛争に歯止めをかけるための喫緊の方策が必要となっているというのが、21世紀初頭の現況である。

これからの国家は、それぞれの権利を上級の機関に委譲し、コモンウェルス・キビタスに該当する国際機関を創り上げるべく、各国間の紛争を解決する仕組み作りに、知恵を出さなければならないのである。ロシアのウクライナ侵攻を契機として、国連改革の必要性が叫ばれはじめている。1日も早く「万国の万国に対する闘争」を回避する仕組みを定めたいものだ。それには現在の国民国家、主権国家が誕生した歴史的経緯がおおいに参考になると考えるが、いかがなものか。

ここではホッブズが言った、もうひとつの大事なことを記しておく。それは、国民が国王や議会に権利や権能を付託することになれば、コモンウェルスに賛成した人も反対した人も、国王や議会に従わねばならないが、一方国民が自分の身を守り、生命を維持する権利は、人間に生まれつき備わっている権利であるから、それは国王や議会によって侵されることはないと言い、それをホッブズは「自然権」とした。

近代国家にとっての自然権を考えてみる。国家は国民と領土と主権によって成り立つから、このうちのいずれかが他国によって侵されれば、国家の自然権が外部から侵害されたことになる。ホッブズの言を国家に適用すれば、たとえ国連がコモンウェルスやキウィタスのような機能を果たす力を与えられたとしても、各国が、国家の自然権の侵害を防ぐために武力を用いることは、当然の権利（自然権）ということになる。個人の正当防衛と同様の考え方である。後述する日本国の自衛権も、法源はこの自然権に求められるのである。

（四）基本的人権について

１９４８年の第3回国連総会において、世界人権宣言が採択された。生きとし生ける全人類に、基本的人権を保障するという宣言である。世界人権宣言は「世界中のすべての個人およびすべての機関」に向けて発せられた。現存するすべての国家は当然のこと、今後成立するいかなる政治体制の国家も、そして国家以外のどのような機関にも個人にも、この宣言の遵守が義務づけられたのである。

人権は、国家や組織を超越した自然権のもとで、万人に保障される権利である。人権は、独裁体制や専制体制をとる国家や組織であっても、自国およびすべての他国の国民に対して、必ず保障しなければならないと決められている。人権問題を国内問題だと言い張って、ないがしろにすることは、許されないのである。

人権宣言を条約化した１９６６年の国際人権規約は、これを批准し、またこれに加入したすべての国々を、法的に縛る条約である。いまや地球上のほとんどすべての国と地域において、人間一人ひとりの人権が、この規約によって保障されている。締結国数は、２０２１年10月１日現在で１７０カ国を数える。

我々は、上述した世界人権宣言と、国連に加入するほとんどすべての国家が採択する国際人権規約を、全人類が遍く享受する権利として、地球上の全国家に普遍的に行きわたらせるべく、全力で取り組んでいかなければならないのである。

しかし形式上は条文となって全人類に保障されている基本的人権が、実際に「生」を生きる全人類に実質的に適用されているとは言えないという現実を、我々はいまここであらためて認識しなければならないのである。

芦部信喜『憲法　第七版』(75ページ以下)によれば、人権宣言の歴史には、①国民権から人権へ、②自由権から社会権へ、③法律による保障から憲法による保障へ、④国内的保障から国際的保障へ、という大きな流れがあるという。

そして人権には①固有性、②不可侵性、③普遍性がある。①固有性とは、人権が憲法や天皇からの恩恵として与えられたものではなく、人間であることにより当然に有するとされる権利、②不可侵性とは、人権が原則として公権力によって侵されないということ、③普遍性とは、人種、性、身分などの区別に関係なく、人間であることに基づいて当然に享有できる権利であること、であると書かれている(同上80ページ以下)。

さらに人権の内容は、①自由権、②参政権、③社会権に分けることができる、という。①自由権は、国家が個人の領域に対して権力的に介入することを排除して、個人の自由な意思決定と活動とを保証する人権であり、「国家からの自由」とも言われる。②参政権は、国民の国政に参加する権利であり、「国家への自由」とも言われる。③社会権は、資本主義の高度化に伴って生じた、失業・貧困・労働条件の悪化などの弊害から社会的・経済的弱者を守るために保障されるに至った、20世紀的な人権であり、「国家による自由」とも言われる、とされる（同上83ページ以下）。

ここで基本的人権を、すべての主権国家が全人類のために育てなければならない、３本の苗木にたとえてみる。自由権、参政権、社会権は、それぞれの国に与えられた３本の苗木である。各国、各国民は、この３本の苗木を大切に育てなければならない。

しかしすべての主権国家の土壌が、苗木が順調に育つように施肥されているわけではない。なかには、苗木の葉をむしり取ってしまうような国家もある。土地柄によって、育ちやすい苗木と育ちにくい苗木がある。また苗木の枝ぶりを見ると、よく育っている枝もあれば、なかなか葉が茂っていかない枝もある。たとえば日本では、ジェンダーの諸問題や正規、非正規の労働条件の格差是正に関する枝は育ちが悪く、国際的な順位も１２０位以下ときわめて劣位の状態に置かれている。

育ちぶりを観察している国際機関からは、国ごとに種々の勧告が出され、改善が求められる。なかには人種差別が問題の国があったり、民族差別・民族迫害をしているとして、国際的に非難される国もあったりする。

地球上のすべての国家が、この3本の苗木を大きく育て上げ、1日も早くすべてのヒトが、世界中のどの地域に行っても、名ばかりではない本当の基本的人権を享受できるようになることが望まれるのである。

3本の苗木のうち①の自由権（国家からの自由）は、基本的人権が認められる際のもととなった人権で、爾来《じらい》先進諸国においては、その精神が憲法やその他の法の中にしっかりと生かされている。

しかし③の社会権は、20世紀的な人権と言われる通り、まだ発展途上とも言える人権である。そして②の参政権は、本来は国民が主権者として国家機関を運用していく政策執行者を選任する、最も根本的な人権であるにもかかわらず、21世紀になってその権利が不正選挙によって侵されたり、憲法を改悪して最高行政執行権者の任期が延ばされたりして、近代民主制の象徴とも言える代議制の政治が、根本から大きくゆがめられる事態が、大国を含めた多くの国家において出現しつつある。特に近年になってこの「国家への自由」、いわゆる参政権の在り方は、世界中で目をおおわんばかりの惨状を呈する状況となってきた。

次項では社会権を取りあげたうえで、最後に四、五、で日本が理想の脱近代国家となるためのきっかけとなる「憲法改正」と、「野党共闘による政権交代」について記す。それをもって「第二部　随想集」は終了となり、本書「我々は　何ものか」もいったんは、閉じられることとなる。

（五）社会権について考える

すべての生命は【代謝と自己複製】によって、生物としての「命」を生きる。生命体の代謝活動と自己増殖は、個体および種にとって最低限必要とされる活動で、これが止まると、生命は死にいたる。

人類の誕生以来、つい300年ほど前まで、ヒトは人口論で有名なマルサスが唱えた「マルサスの罠」のしがらみのなかで、細々と「命」を生きてきた。マルサスの罠とは一言で言うと、「環境が許せば人口は、倍々ゲームで幾何級数的に増える。しかし食糧は、算術級数的にしか増えない。すると人口の増加は食糧の増加の限りで頭打ちになる。

逆に食糧があれば、なくなるまで人口は増え続ける。したがってヒトはいつまでたっても食糧危機による代謝活動の不調がもたらす死から逃れることができない」

というもので、これは鳥や虫にも当てはまる。「マルサスの罠」は、人間としてではなく、動物として生きる、ヒトの「命」の問題なのである。

産業革命以前の、農業や手工業の生産技術や、道具の発明・改良の進歩は、年率に換算すると0・05パーセントをはるかに下回り、多めに見積もっても、年間成長率は現代の技術進歩の30分の1以下しかなかった。これが、「マルサスの罠」の元凶である（『10万年の世界経済史』上巻　G・クラーク　21ページ）。このような低成長下では、食糧生産が増加すると、すぐにマルサスの罠がはたらくため、長期的にみて人口は多少増えても、生活は決して豊かにはならなかったのだ。

しかしいまや我々は、道具の時代から火の時代（エネルギーの時代）を経て、物質的な豊かさの追求に関しては、徐々に満たされつつある。ヒトの労働力は、ただ代謝活動のための食糧生産のみならず、工業製品から第3次産業に至る生産物にまで広がり、ヒトは多くの財やサービスのもとで、豊かに暮らせるようになってきた。近代化後の我々は、近代以前までの時代とは打って変わって、豊かな物質的生活を享受できることとなったのである。

ヒトは産業革命を経験して、自身が消費する体内エネルギーを大幅に超えるエネルギーを、体外で利用するようになった。20世紀後半にアメリカの中産階級が1日1人当たり消費した熱量は、自動車などの移動手段、電力（含冷暖房）などを合わせると約20万キロカロリーとなり、「生」を維持するために必要とされる1日2000キロカロリーの熱量の100倍ものエネルギーを消費するようになった（バックミンスター・フラー　アメリカの技術家、建築家）。かてて加えて21世紀の現在は、コンピュータがヒトの頭脳に代わって為す仕事の消費エネルギーも加わるから、アメリカ人のみならず日本人も、21世紀にはもっと多くのエネルギーを使って、日常生活をしているはずだ。

　この1人当たりのエネルギー消費量が、これからは大問題になりそうだ。70億とも80億とも言われる人間集団全員が、1人1日20万キロカロリーを大きく超えるエネルギー消費をするような時代がきた時の、全地球のエネルギー供給体制はどのようになるのか、考えてみてほしい。人間集団は、気候変動やその他の環境問題を一方で抱えながら、エネルギー消費量に歯止めがかからなくなる状況と、どのように向き合っていくのか。環境問題などの外部問題としてでなく、そろそろ自分たち自身の生き方、生活の在り方について、真剣に考える時期にきているのではないかというのが、筆者の大きな心配事なのである。

ここで第二部二、の（三）『我々は【記号の世界】により、人類共通の遺産を遺す者である』を思い出してほしい。そこで述べた通り、個人や集団が生産した果実は、その相当部分を過去の人類の知恵やノウハウに、負うている。もちろん過去からの蓄積のもとに、さらなる付加価値を生み出す個人や集団の努力は、評価しなければならないし、その結果生まれる果実が、基本的にそれら付加価値を生み出した人たちに属するのは、理にかなったことではある。

ただそうは言っても、「それらは人類がこれまで積み上げてきた厖大《ぼうだい》なノウハウや無形資産をもとに生まれた付加価値だ」。「過去の人類が遺したノウハウなどにあたる部分は、何らかのかたちで人類社会に還元するべきだ」。ということも、理にかなう考え方であるはずだ。

ステークホルダーなる概念がある。ありていに言えば、人類社会全体を、ステークホルダーの1つに加えるべきではないかということが言いたいのだ。環境税や炭素排出税なる考え方が近年話題に上ったが、もっと広く人類が人類として保有する、先祖が遺した無形の財産を、現代人が財やサービスの生産のために利用することに対して、人類社会の知的資産活用の対価を、支払うべきであるという考え方だ。

人類が遺した資産の活用についての対価は、とりあえずは国家に税として支払う形が考えられるが、その税は、国民の健康保険や年金の積み立ての費用や、若年者の教育費や、高齢者の老後費用や、失業者の当面の生活費などの社会的費用にあてることが考えられる。税の水準については時代時代の社会全体のコンセンサスによって決めることが理にかなっている。

筆者は、将来の人間社会は生産性のさらなる向上のもとで、個人責任型から、過去の人類が蓄積したノウハウも含めた莫大な人類遺産を勘定に入れた、社会連帯型の生産方式に移行していくべきだと考えている。公共財など一部の経済財の生産分配を、社会一体となって行っていく、社会主義、共産主義的な考え方を取り入れた生産方式の導入である。ただこの問題は、込み入った議論が必要になる。ここではとりあえず指摘するだけに留めておく。

社会権は、自由権や参政権に比べて、それなりの財源がなければ実現できないものが多く、右肩上がりの経済成長が期待できなくなるゼロサム社会に至った場合には、抜本的な発想の転換が必要になることをここでは指摘しておきたい。

日本国憲法の改正にあたっての社会権の拡充の考え方は、次の四、の（二）「基本的人権の尊重を、より確固とするために」に書いた。

四、日本国憲法の改正を語る

憲法改正を語るにあたり、はじめに「憲法とは何か」を、簡潔に記しておく。憲法とは、一言で言えば【国家を縛る法】である。国家が国民の人権を蹂躙《じゅうりん》し、また国家が国民や国民集団の思想や行動を統制することのないよう、基本的人権と統治形態の両面から国家の在り方を縛るのが、憲法の第一義的な役割である。150年近く前の大日本帝国憲法（通称明治憲法）の起草者たちも、この憲法の意義を充分に理解していたことが、記録に残されている。

明治憲法の起草者たちは、日本が西欧各国に国家として認められるためには、近代憲法の制定が必要と考えた。その際憲法は【国家を縛る法】であることを理解したうえで起草しなければ、日本が近代国家の仲間として認められないことを承知のうえで、その精神を盛り込んで、明治憲法は制定されたのである。我々も、憲法が【国家権力の在り方を縛る法】であることをあらためて承知しておかなければならない。

日本国憲法の第三章には、【国家を縛る法】からは離れて、いくつか「国民の義務」が規定されている。そこには日本という民主主義国家を運営していく主権者としての国民がなすべき最低限の、たとえば納税の義務等の義務が記《しる》されている。憲法の精神に照らすと、【国民の義務】を書き込む場合、それは最低限にとどめ置かなければならないということなのだ。

第二次世界大戦で敗戦国となり、廃墟のなかで施行された日本国憲法は、２０２７年5月には施行80年を迎える。80年間憲法改正がなかったその長さは半端でない。なにしろ80年は、幕末（１８６７年）から日清、日露、第一次、第二次大戦をへて、現行憲法が施行されるまでと、おなじ歳月にあたるのだから。

１９４７年に施行された日本国憲法は、国民主権、基本的人権の尊重と合わせて、平和主義を基本原理とした。それは当時にあっては世界に冠たる模範的な憲法であった。そして、実際に①日本に国民主権に基づく民主国家を定着させ、②日本人に基本的人権の精神を植えつけ、③他国の戦争には一切かかわらない平和国家になるという、戦後の日本国民の願いをかなえる、重要な役割を果たしたのである。

憲法施行前半の40年、我が国の政治、経済、社会は大きく復興・発展した。ところが平成期に入ったころから、それは変調の兆しを見せはじめた。21世紀になってふと気がつくと、いまや国家の経済成長や、国民1人当たりの生産性は、次々と後進国家群の後塵を拝するようになっている。日本はいまや、経済大国という過去の栄光を捨てて生活大国となるべく、未来に向けて大転換を図っていかなければならないのだ。芸術や芸能や文学や音楽、スポーツやゲームなどのエンタメ精神が日本各地で花開き、日本人はもとより、世界中の外国人が日本で生活したくなるような国を創りあげるべく、日本はいまや日本病の脱却に向けて行動するときを迎えようとしているのだ。

それは日本が、【記号の世界】【言葉の世界】を目いっぱいエンジョイする、楽園国家になることによって果たされる。ちょうどギリシャのオリンポスの神々や、日本の八百万《やおよろず》の神々が、神話という物がたりのなかで生き生きと活動したように、これからは日本人個々人が、下部構造を形作るＡＩなどの人工機器の発達に支えられて、精神的にも豊かな暮らしぶりの国家を実現していくことがそれである。それにはまず、この40年間日本を覆ってきた、鬱屈した重苦しい空気を吹きはらわなければならない。そこで提案したいのが日本国憲法の改正なのである。

ちょうど80年前の憲法改正がそうだったように、いま憲法を改正することになれば、それは日本人の生活を変え、日本人の未来をおおきく変えることとなる。戦後80年のあいだ、日本は、二世、三世の政治家が総理大臣となる確率がきわめて高い、家督化した政界構造のもとで、既得権益を守ろうとする大企業群によってあやうく支えられてきた。憲法改正は、家元制度のような上部構造の政界と、下部構造たる産業構造、就業構造の双方を、決定的に変える原動力となるのである。過去40年以上も言われてきた規制改革がいまだもってお題目にすぎないのなら、残されたのはもう憲法改正しかないのである。

憲法改正となれば政治家たちは、それぞれが考える将来の日本の国家像を描かなければならない。そしてその国家像を国民に示し、訴え、説得しなければならなくなる。それが、政治家の尻に火をつけるのだ。政治が活況を呈することとなり、国民の精神や行動も大きく変化するのである。憲法改正は、かならずや政治、経済、社会の構造を大きく若返らせる力となる。

江戸末期から明治維新にかけて、日本の政治が大きく変わり、江戸時代の封建社会が近代に向けて動き出したように、また第2次世界大戦後の日本が、復興に向けて大きく発展したように、大日本帝国憲法の発布、日本国憲法の施行に引き続く、80年周期の第三回目の憲法改正は、日本がこれから脱近代に向かって歩み出す第一歩となるのである。

ここは若い清新の志気に燃える政治家に働いてもらって、徐々に、しかも急いで、日本国憲法の改正を実現させることを、提唱したいのである。そのためには政権政党以外の野党政党が、憲法改正を旗印として団結し、共闘しなければならないのである。

以下に憲法改正にあたっての提案を掲げて、その理由を記す。これは、現行憲法の3つの基本原理、すなわち①国民主権、②基本的人権の尊重、③平和主義、をより確固たるものとするために、筆者が重要と考えるものである。以下お読みいただく通り、この提案は、現実をしっかり見据えた改憲案であるとともに、脱近代の日本のかたちをも視野に入れた提案になっている。是非そこに注目いただきたい。

日本国憲法の改正について　次の3つの提案をする。

（一）立憲君主政体のもとで、国民主権をより確固たるものとするために

i　憲法第四十二条を「国会は、一院でこれを構成する」と改正する。

ii　公職選挙法を改正する。

iii　総理大臣の議会解散権が必要とされるなら、解散権行使の根拠法を定める。

iv　憲法第十五条①に国民の選挙の義務を加える。

（二）基本的人権の尊重を、より確固たるものとするために

ⅰ　憲法第二十五条の①から「最低限度の」を削除する。
ⅱ　そして【生存権、国の社会的使命】を【生活権、国の使命】と書き替える。

（三）平和主義を、より確固たるものとするために

ⅰ　「第二章　戦争の放棄」と「第三章　国民の権利及び義務」を統合する。
ⅱ　第九条は条文を改正して、ⅰの然るべき所に移記する。
ⅲ　条文には、自衛隊が「国土を守り、国民を守り、国家の主権を守る」組織であることを明記する。

以下説明する。

（一）立憲君主政体のもとで、国民主権をより確固たるものとするために

ⅰ　憲法第四十二条を「国会は、一院でこれを構成する」と改正する理由

目的とするのは参議院の廃止ではない。衆議院と参議院の統合一体化である。現行の衆議院と参議院のありかたを見ると迅速なそして効率的・効果的な国会運営をしていくためには、一院制の方がよいのだ。

本項の執筆にあたり、種々の資料を集めたところ、衛藤征士郎衆議院議員（当時）が平成24年に出版した『一院制国会が日本を再生する！』（悠雲舎）が目についた。本の帯には「日本国憲法改正原案を初めて国会へ提出!! 衛藤征士郎（原案作成者）が、その思いを熱く語る。」とある。

巻末に資料編がある。資料二には、『「日本国憲法第四十二条改正原案」（平成24年4月27日、衆議院議長に提出）』が掲載されている。提出者10名、賛成者120名の衆議院議員の名簿のあとに、「日本国憲法改正原案要綱」、「日本国憲法改正原案」「日本国憲法改正原案新旧対照表」が添付されている。

同書によれば、この憲法改正原案の衆議院議長への提出は、日本国憲法施行後初めてであった。提出当日の2012年4月27日の午後には、衆議院議院運営委員会理事会が開かれて、改正原案の取り扱いにつき協議された。その結果、「議案として取り扱うには、各会派の同意が必要とされる」という手続き上の理由により、取り扱い不可となったようである。

憲法改正を必須とする上述改正案は、硬性憲法の中でもとりわけ硬性度が高いと言われる日本国憲法において、取り扱うことの困難さが容易に推察される。それにしても同書の資料一にある、「超党派衆参対等統合一院制国会実現議員連盟」の役員、所属議員の数が、衆議院議員123名、参議院議員11名計134名の多きに上ることは、当時多くの国会議員が、一院制とすることの必要性と重要性を強く自覚していたことになり、筆者はおおいに驚かされたのである。国民主権の根幹にかかわる一院制への移行について、見識ある国会議員が、今から10年以上も前に論議を尽くして、国会に提出したということにである。

いま改憲で取りざたされているのは、「緊急事態条項を憲法に書き込むこと」などである。まずは憲法改正の実績づくりからはじめようとする現在の国会の動きと比べると、当時の立法府はいかに真正面から真剣に日本国家のことを考えていたことか!!　この本を発見して、筆者は驚くとともに、すっかりうれしくなったものである。

ここではなぜ一院制を主張するのか、つまり二院制のどこに問題があるのかについて、同書が主張する5点を要約しておく。なおこれは衆議院、参議院の与党、野党の国会議員100名以上が結集して主張した、日本の統治機構についての根幹をなす意見なので、許諾を得て巻末に改正原案の全文を転載した。

（二院制の問題点）

第一　憲法上の問題

①憲法上、予算と条約の承認および内閣総理大臣の指名を除く法案は、衆議院で可決されても、参議院で否決または修正されると、衆議院で出席議員の3分の2以上の多数を得ないと成立しない。そのため、衆参のいわゆるねじれ国会の状態においては、参議院の否決により、法律が成立しない事態が容易に起きてしまう（憲法第五十九条第一項、第二項）。たとえこの条項を改正しても、二院制を採用している限り波及的に他の条文にも影響がおよぶ。それならば一院制にしたほうがはるかにすっきりする。

②衆参両院の任期（衆議院は4年、参議院は3年ごとに半数改選の6年・憲法第四十五条、第四十六条）と衆議院の解散（憲法第四十五条）の関係で、上記のねじれ現象は近年ほぼ常態化している。

第二　選挙制度上の問題

参議院の選挙制度が、基本的に衆議院の選挙制度とよく似たものとなっているため、参議院が完全に政党化し、衆議院と参議院が重複機関となっている。

第三　参議院の問責決議の問題

参議院の問責決議は、内閣が法的対応をする必要はないが、問責決議が為されると、参議院側は、不信任を突きつけた以上、当該大臣が辞任または更迭《こうてつ》されない限り、国会審議に応じない。そして審議がストップしてしまい、実際上政治が完全に停滞する現象が近年頻発している。

第四　財政上の問題

一院制にして衆参合わせて722人いる国会議員を500名以下にすれば、それだけ経費が削減される。

第五　国会議員の選良意識の問題

小選挙区比例代表並立制のもとでは、高い志と、いい意味でのエリート意識を持つ議員は生まれないという問題がある。

二院制の問題点は上記でほぼ語りつくされるが、本書が一院制を主張するのには、もうひとつ理由がある。それは二院制を一院制とすることにより、民意が素早く、より適切に反映されるようになるということである。現行の二院制は、衆参二院において慎重に審議されるから、より国民の意向を尊重した制度であると、考えられるかもしれないが、前述の問題点を見ただけでも、必ずしもそうではないことがわかる。さらに国民のためというより、政党や議員たちのいわゆる党利党略に利用されて、必要な法案が成立しなかったり、成立しても歪んだものとなったりする場合がある。

ということで、本書は平成24年に衆議院議長に提出された「日本国憲法第四十二条改正原案」を強く支持したい。上述の通り、この改正原案は、1度国会に提出された事実があるのだから、その事実を踏まえて、議論を深めていくことには充分意義があるのではないか。

ii　公職選挙法を改正する理由

日本の選挙制度は、衆議院にしても参議院にしても複雑であり、日本の政治を担う代表を選ぶ選挙にしては、理屈が通らず支離滅裂と言わざるを得ない。

たとえば参議院選挙で行われている、選挙区が1人区から6人区まである選挙制度は、選ばれる議員に対して為すそれぞれの選挙区の有権者の投票行動が、当選人数が異なる選挙区ごとに異なる性格を佩びてしまうという、選挙制度上の大きな問題を抱えている。

すなわち1人区は小選挙区制（多数代表制）だが、定員が多くなるにつれ徐々に比例代表制の色彩が強くなっていく。これでは有権者の意思が、選挙区ごとに異なって反映されることとなる。この不条理は、選挙のあり方を思想的に認め難くするものであり、何としても解消する必要がある。

また後述する通り、衆議院の小選挙区比例代表並立制は、重複立候補を認めたため代議制民主主義の根幹をなす選挙制度が、国民の代表が選ばれているということの意味を説明できないほど、醜い制度となっている。

これを一院にして、小選挙区制（多数代表制）と比例代表制を併用すれば、世界標準の2つの選挙思想に基づく、国会議員選挙が行われることとなる。その結果それぞれの思想のもとに選ばれた国会議員の、数的バランスに基づく一院制議会が構成され、国民の意思が正当に反映された代議制民主主義の政治が行われるという、選挙の最低限の条件が満たされることとなる。

実際に一院制のもとでの国会議員の選挙制度をどのようなものとするかは、これから衆知を集めて検討され、代議制民主主義にふさわしく改正された選挙が、実施されることとなるはずだ。ここでは具体的な選挙制度についての筆者の案を、以下に示しておく。

一院制議会となった場合の、選挙制度についての提案

（一）一院制の新国会議員の選挙については、以下の（二）（三）（四）に記す①全国区比例代

表制と②ブロック別比例代表制と③小選挙区制（多数代表制）の3部門を同時に実施する。重複立候補は認めない。

（二）①の全国区は、現行参議院選挙と同様、非拘束名簿式選挙とする。

（三）②のブロック別比例代表区は、現行衆議院選挙と同様のブロックとし、拘束名簿式とする。

（四）③の小選挙区は、現行隣接する2選挙区の合区を基本に、新しい選挙区を制定し、定員は2名、投票は2名連記制とする（過去英国で行われていた小選挙区選挙と同じ）。

（五）全国区、ブロック別比例代表区、小選挙区それぞれの区割りと定数は法律で定めるが、①②の2つの比例代表を合わせた比例区の合計定数と、③の小選挙区制に基づく議員の定数を、ほぼ同数とし、国会議員の総数は、概ね600名程度とする。

（六）議員の任期は3年とする。

1996年にいわゆる中選挙区から移行した小選挙区比例代表並立制は、実施からほぼ30年経過した。その小選挙区には、過去の選挙において世上、落下傘候補、刺客候補、チルドレン候補など名前からして芳しくない名称をつけられた候補が林立し、それぞれかなりの数の代議士が誕生した。

一方政権交代が容易になり、政党政治が活性化し、派閥が解消し、選挙にかかる費用が縮減される、という当初予定した小選挙区制の目論見は、どれをみても達成されていない。

さらに決定的な失敗は、比例代表制での復活当選が、当初の小選挙区制に期待された効果を著しく歪めていることである。小選挙区制（多数代表制）で落選した候補者が、比例復活して国民の代表を名乗るという、小選挙区の選挙民から見て到底納得できない代議士の誕生が、それにとどまることなく、小選挙区制の利点とされる、政権交代を阻害する大きな要因となっているのだ。

この失態を解消する策として、たとえば二つの小選挙区を合区して一選挙区とし、定員を2名とする選挙が考えられる。もちろん比例区との重複立候補は認めない。投票は2名連記制とし、同一選挙区において、同一政党から2名の出馬も可能とする。

あえて合区して2名選出としなくても、現行の小選挙区制で重複立候補を認めないとすれば、それはそれでよい。ただ現行の小選挙区制より、昔の中選挙区制の方がよかったという声もあるようなので、筆者としては二区を合区して、選挙人ひとり2票の投票で、2名当選としてはどうかと提案するものである。どちらの場合も、選挙区ごとの一票の重さについての格差が生じた場合は、選挙区の区割りの調整により、容易にその格差を是正できる。

それとは別に、女性の議員を増やすために世界各国で行われている、クオータ制の検討も必要だ。小選挙区でのクオータ制の導入は難しいが、それは小選挙区に女性が立候補すればよいことである。比例区は拘束名簿式、非拘束名簿式のいずれにおいても制度設計に工夫をすれば、比較的容易にクオータ制を導入できるはずである。たとえばブロック別の拘束代表制の名簿について、各党ともに順位を男女交互に選定しておけば、選ばれる男女はほぼ同数となる。

なお以上の選挙制度の改正は、憲法改正と並行して検討されなければならないことはいうまでもない。

iii　総理大臣が議会解散権を行使するための根拠法を制定する理由

ここで話題を変えて、内閣総理大臣の専権事項とも言われる、内閣の解散権について述べる。総選挙は衆議院の任期満了によるほかは、議会の解散によって行われ、これは国民主権と深くかかわるからである。はじめに、これまでの戦後26回の総選挙のうち、21回は憲法第七条第三号のみによって解散がなされたことを知ってほしい（他の5回の解散は、任期満了1回、不信任案可決4回）。

憲法第七条［天皇の国事行為］の「三　衆議院を解散すること」に基づく解散については、

昭和35年の苫米地《とまべち》訴訟判決以来、解散権が「高度に政治性のある国家行為」であるという、いわゆる統治行為論の理屈のもとに、内閣すなわち総理大臣の、専権事項とされている。

苫米地判決（最大判昭三五・六・八民集一四巻七号一二〇六頁）は次のように判じる。「直接国家統治の基本に関する高度に政治性のある国家行為のごときは、たとえそれが法律上の訴訟となり、これに対する有効無効の判断が法律上可能である場合であっても、かかる国家行為は裁判所の審査権の外にある。この司法権に対する制約は、結局、三権分立の原理に由来し、当該国家行為の高度の政治性、裁判所の司法機関としての性格、裁判に必然的に随伴する手続き上の制約等にかんがみ、特定の明文による規定はないけれども、司法権の憲法上の本質に内在する制約と理解すべきである」として「たとえそれが法律上の訴訟となり、それに対する有効無効の判断が法律上可能である場合であっても」本来の司法の役割を忌避してしまったのである（傍点筆者）。

そもそも法律上の訴訟となり、有効無効の判断が法律上可能であるのに、その判断をしないということは、司法の職務放棄と言わざるを得ないのではないか。さらにその理由としてあげている「特定の明文による規定はない」のに、「三権分立の原理に由来し」て「司法権の憲法上の本質に内在する制約と理解すべき」という「司法権の憲法上の本質」とはいったいなんなのか、そこに「内在する制約」は誰が「理解」するのか、まったく理解不能と言わざるを得ない。

しかしながら第七条による解散が、日本憲政史上ここまで浸透してしまった以上、上記裁判の不当性をうんぬんしても過去はいまさら覆すことができない。したがって本項では、この点については、これ以上は踏み込まず、今後総理大臣の解散権をいかにして制約するかについて、見解を提示する。当然のことだが、憲法第六十九条の【内閣不信任決議の効果】に基づく解散は、これまで通り存続させる。

筆者は、「日本の法体系のなかには、憲法第六十九条を除いては、衆議院の実質的解散を定めた法令はない。したがって本訴における、第七条に基づく衆議院解散は、違憲と判ずべきであった」と言いたいのである。

そうなっていたら、その後国会において解散についての議論が進み、仮に内閣に解散権を与えることが必要とされたなら、何らかの解散に関する要件が法律で定められただろうし、そうなれば内閣の都合の良いときに国会を解散するという自己都合解散は避けられて、日本の民主主義の発展には、それなりの寄与がなされたはずである。苫米地訴訟の判決は、最高裁が三権分立のもとで司法の権威を示すべき、よい機会を逃してしまって、筆者はとても残念に思っている。これからも選挙に勝つために、解散の時期の選定を最優先としその他のことは後まわしにする政権運営が続けられることの、国民が蒙る損失は、はかり知れないのである。

最高裁は、この判決の半年前に砂川事件について判決を下している（最大判昭三四・一二・一六刑集一三巻一三号三二二五頁）。この事件は、安保条約の合憲・違憲が争われたものであるが、そこでは統治行為論は、「一見極めて明白に違憲無効であると認められない限りは、裁判所の司法審査権の範囲外のものである」と判示した。ということは「一見極めて明白に違憲無効」と認められる場合には、最高裁は司法審査が可能と、考えていたはずである。

しかるにその判決のわずか半年後の本件判決において、一見極めて明白に違憲無効の判断となることを懼れて、最高裁は「統治行為論の存在を真正面から是認した」（『芦部憲法』第七版354ページ）判決を下したのではないか。

筆者はそのような感を持つのである。以上を踏まえて、以下をお読みいただきたい。

平成30年4月27日、衆議院議員奥野総一郎氏から、質問256号として「日本国憲法第七条による衆議院解散に関する質問主意書」が衆議院議長を通じて、内閣総理大臣に提出された。その主意書は、以下の通りである。

日本国憲法第七条による衆議院解散に関する質問主意書

1948年に行われた第一回解散は、野党提出の内閣不信任案の可決をまって解散が行われた（いわゆる「なれあい解散」）。その際の解散詔書は「衆議院において内閣不信任案を可決した。因って日本国憲法第六十九条及び第七条により、衆議院を解散する」となっていた。第二回解散は、現行同様、不信任案の可決を待たず第七条のみにより行われた。以降、第六十九条による解散も含め、解散詔書は「日本国憲法第七条により、衆議院を解散する」という文言が用いられている。

そこで以下質問する。

一、第一回解散においては、「第六十九条及び第七条」を根拠としてのみ解散を行うことができるとの解釈にたっていたところ、第二回解散では、「第七条」のみを根拠として解散を行うことができるとの解釈変更が行われたのか。

二、政府は、現在、憲法第七条について、実質的決定権を含む場合もあるとの立場に立ち、憲法第七条第三号の衆議院の解散という国事行為に対する内閣の「助言と承認」を根拠として、内閣の自由な解散決定権が認められるとの見解に立っているとの理解で良いか。

三、この内閣の解散決定権については、一切制約を受けないのか。どのような理由でも、あるいはどのような状況、例えば未曽有の大災害のような状況、においても、内閣の判断で解散可能なのか。
四、解散権が制約を受けるとすれば、どのような場合か。
五、「第七条により内閣に自由な解散権が認められるとしても、解散は国民に対して内閣が信を問う制度であるから、それにふさわしい理由が存在しなければならない」とする学説がある（芦部信喜「憲法」）が、政府の見解を示されたい。
右質問する。

それに対して、平成30年5月11日　内閣総理大臣安倍晋三氏から以下の答弁書が、衆議院議長に寄せられた。

衆議院議員奥野総一郎君提出日本国憲法第七条による衆議院解散に関する質問に対する答弁書

一について

御指摘の「第一回解散においては、「第六十九条及び第七条」を根拠としてのみ解散を行うことができるとの解釈に立っていた」の意味するところが必ずしも明らかではないが、憲法六十九条は、同条に規定する場合には、内閣は、「衆議院が解散されない限り」、総辞職をしなければならないことを規定するにとどまり、内閣が実質的に衆議院の解散を決定する権限を有することの法的根拠は、憲法第七条の規定である。

二から五までについて

御指摘の「実質的決定権を含む場合もある」及び「内閣の自由な解散決定権」の意味するところが必ずしも明らかではなく、また、個々の学説についての見解を述べることは差し控えたいが、衆議院の解散は、憲法第七条の規定により天皇の国事に関する行為とされているところ、実質的に衆議院の解散を決定する権限を有するのは、天皇の国事に関する行為について助言と承認を行う職務を有する内閣であり、内閣が衆議院の解散を決定することについて憲法上これを制約する規定はなく、いかなる場合に衆議院を解散するかは内閣がその政治的責任で決すべきものと考えている。

上記質問主意書に対する答弁書によると、内閣総理大臣の専権事項とされている衆議院の解散について、内閣は正当とする。しかし筆者は不当と考える。ここでは筆者の見解を2点提示する。

まず第1点は、答弁書一について、の最終行「内閣が実質的に衆議院の解散を決定する権限を有することの法的根拠は、憲法第七条の規定である」としている点である。第七条は第一号から第十号までの天皇の国事行為についての条文であることは、憲法第一章にあることから、まったく疑義のないところである。

ただ一言記しておく。当該答弁書の一について、のなかで、『憲法第六十九条は、同条に規定する場合には、内閣は「衆議院が解散されない限り」総辞職をしなければならないことを規定するにとどまり』とするなら、憲法第七条の条項も当然「天皇は、内閣の助言と承認により、国民のために、左の国事に関する行為を行ふ」ことに「とどま」るのではないか。そして第七条の解釈が、第七条の条文の範囲に「とどま」るならば、憲法第七条に、実質的な衆議院の解散を決定する権限について法的根拠を与えることは、憲法解釈上論理矛盾ではないか。この点をまず指摘しておきたい。

真の問題は次である。憲法第七条は「天皇は、内閣の助言と承認により、国民のために、左の国事に関する行為を行ふ」とあるが、内閣の助言と承認は、立憲主義のもとでは、当然なんらかの法令に基づいて行われなければならない。そして第三号を除く全号はその要件を満たしていると思われるが、第三号の助言と承認のもととなる実質的な解散決定の権限を示す法的根拠は、仮に第六十九条に求めないとするなら、どこにその「実質的な解散決定の権限」を示す法的根拠があると言うのか。

その根拠を、国事行為を定めた第七条そのものに求めるのは、第七条の解釈としては誤りと言わねばならない。これが許されるなら、逆に内閣は助言と承認を為す第七条の全号について、たとえ別に定める法があったとしても、その法に基づかずに、自在に実質的な決定をし、天皇はその内閣が法の定めに基づかずに決定した事項について、当該内閣の助言と承認により、「国民のために、国事に関する行為を行ふ」ことが可能とならないか。

すなわち一、の憲法改正、法律、政令、および条約を締結すること。二、の国会を召集すること。などについての実質的な決定を、天皇に助言と承認を為す行為を根拠として、第三号に倣って閣議決定だけをもって、為すことができることとなるのではないか。そうだとすれば憲法は、法治国家としてあり得ないことを、規定しているといわざるをえない。すなわちこの答弁書に言う第七条第三号の解釈は、憲法自体の法治国家としての在り方を否定した解釈となるのだ。それが平成30年5月11日に内閣総理大臣名で、国会への答弁書としてなされたのだ。

本来憲法第七条第三号は、憲法第四十五条、第五十四条、第六十九条または何らか他の法令に、解散に言及した規定があり、衆議院がその規定に基づいて、適法に解散された場合に、内閣は第七条第三号に基づき、内閣の責任において、天皇に解散の助言と承認を行うことを定めているだけのはずである。ということは、何らかの他の法令がなければ、内閣は衆議院を解散することができない。つまり天皇の国事に関する行為に対して、助言と承認をするこの条項によって、内閣が実質的な国会解散権を有するという論理は、論理破綻を起こしていると言わざるを得ないのである。

したがってこの第七条に内閣の実質的解散権があるとして、衆議院の実質的な解散を本条によりなしてきた、これまでのほぼ20回におよぶ解散は、すべて最高裁が判じた統治行為論に乗って、行政が憲法の解釈を誤って運用しても、司法からは違憲の判決はだされないという確信に基づいた解散であった、と言わざるを得ないのである。

次に第2点である。答弁書二から五までについて、の後半「実質的に衆議院の解散を決定する権限を有するのは、天皇の国事に関する行為について助言と承認を行う職務を有する内閣であり」は第1点で述べたことが正しければ、完全に誤りである。形式を定めた国事行為を為す権限をもとに、実質的解散の権限を有するとすることは、法理論からしても許されることではない。

そして続く「内閣が衆議院の解散を決定することについて憲法上これを制約する規定はなく」の文言は、「内閣が衆議院の解散を決定することについては、憲法第六十九条にこれに関する規定がある」となるはずである。また「憲法上これを制約する規定はなく、いかなる場合に衆議院を解散するかは内閣がその政治的責任で決すべきものと考えている」というこの解釈は、内閣が法の定めによらずとも、自由に衆議院を解散できることになり、その内閣の行為は、あきらかに法治国家の体を為していないこととなる。

ちなみに三権分立のもとでは、行政は立法府に対して、解散権を行使することによって、両権の均衡が図られるという考え方があることは承知しているが、解散権が法の定めによらずとも天賦の権利として存在するというなら、立憲制の大義を逸脱しているのではないか。さらに憲法第七条第三号に実質的な解散権があると解した行政の判断は、本来の三権分立の趣旨である、互いのけん制機能に反して、司法と行政が結果論かもしれないが結託してしまい、内閣総理大臣に衆議院解散の自己都合裁量権を付与することとなったと言えるのではないか。

なお苫米地判決が、その後の衆議院の解散に大きな影響を与えたことは間違いないが、これまで筆者は、最高裁は砂川事件よりあえて一歩踏み込んだ、判決を下したと考えていた。

しかしそうではなく、実質的な解散権を行使する権限を規定する条項が、憲法をはじめとする法体系の中にはないという問題を扱いかねて、最高裁が統治行為論を持ち出して逃げを打ったと考えられるのではないか。そしてそれがもとで、第七条第三号に基づく内閣による解散権が、慣行となってしまったのではないか、と最近考えるようになった。仮にそうだとすれば、統治行為論自体もさることながら、最高裁は自ら司法の地位を貶《おとし》める、それ以上に酷い判断をしたと言わざるを得ないのである。砂川事件の判決からわずか半年後のこの判決は、こう考えると辻褄が合うのである。

近年の世界的傾向として、三権のなかでは行政権が突出して権力を行使する傾向が、際立つようになってきた。そこには種々の理由があるが、日本においても行政権優位の最近の傾向は例外ではない。

日本では通常、政権与党の総裁が内閣総理大臣を兼ねることから、内閣総理大臣は、内閣および党の人事権と、選挙の公認権と、党の政治資金を、一手に握り、そのうえで常に解散権をちらつかせながら、自己の政権を存続させることを第一義とし、国民本位の本来の政治を２の次にした政権運営をしていると思料せざるを得ない。内閣総理大臣の専横ぶりは、近年目を覆わんばかりのものがあるのである。

これは、他国においても見られる行政権が独裁化をたどる道であり、憲法第七条はそのまま存置するにしても、今後の解散は、第六十九条による実質的な解散を除いては、憲法またはその他の法令によって要件を定めたうえで、法に基づき決定されるべく、国会において憲法改正の発議、又は法令の制定がなされたうえで、その法の下に解散しなければならないと考えるのである。

本来国会議員は、国民の負託に応えるべく、任期満了を視野において働き、その間の成果をもって国民によってその業績を判定されるべきである。「常在戦場」なる言葉に操られて、常に選挙のことしか念頭にない政治家を、国会議員にしておくことは、国民の本意とするところではないはずだ。

前述した通り、本書は国会議員の任期を3年とするが、これは、現在の衆議院議員の任期が4年のところ、内閣の解散権の行使により平均的な衆議院議員の在任期間が約3年であることを慮り、その任期の3年をかけて職務をまっとうするという考え方である。実際例を見ても、小選挙区比例代表並立制導入以降の総選挙は、少数の例外を除けば、在任期間はほとんど3年超となっている。したがって、任期が3年ならば、ほとんどが任期満了解散となるはずである。ちなみにアメリカの下院議員は2年ごとに全員改選を迎える。変化の激しい現代においては、

3年という任期は長からず、短からず、適当な長さではないか。

ここに、最近の日本における行政権の専横の例をいくつかあげておく。内閣は、憲法第五十三条に定められた臨時会を、開催までの期間の定めがないことを理由に召集しなかったり、重要な政策決定事項を行政機構にすぎない閣議決定だけで推し進めたり、都合の悪い案件の議事録を作らなかったり、破棄してしまったり、果ては文書の改竄《かいざん》まで行ったりした。

また国会答弁においても、政府側委員が平気でうそをついてごまかすなど、主権者たる国民を愚弄する言動が多発している。さらには日本国総理大臣が、米国議会や米国大統領にたいして、国会に諮る前に公の場で重要事項について、政策の実行を約束してきてしまうようなことも、いくつかあった。これらの行為は、前例となって今後も頻発する恐れがあることを指摘しておきたい。

iv　憲法第十五条①に国民の選挙の義務を加える理由

最後に、選挙権を有する国民の側に立って、選挙について考える。

日本国民は、ある年齢に達すると、男女を問わず選挙権を有する。これを普通選挙というが、いまでは日本国民はすべてが選挙権を自覚しており、当たり前とされているゆえか、選挙権が日常的な話題となることはあまりない。それはそれでいいことと言えるかもしれないが、ひとつ提案がある。選挙権を権利として規定するだけでなく、権利と合わせて、義務としても憲法に書き込んではどうかという提案である。

代議制民主主義を機能させる第一の基本は、よい選挙制度のもとで、制度を正しく運用することである。有権者は選挙の重要性を認識し、選挙に際しては権利だけでなく、それを義務とも心得て投票行動を起こし、自身が政治を託せる代議士を国会議員として送りだすことが、代議制民主主義を機能させる大事な一歩なのである。

日本の憲法には第二十六条の「教育を受ける権利と教育を受ける義務」、同じく二十七条の「勤労の権利及び義務」と義務が定められた条項がある。そして第三十条には、納税の義務が定められてもいる。それらの条項に鑑みても、「選挙をする権利及び義務」と義務について書き込む提案をしたいのだがどうか。具体的には憲法第十五条①の後に「また公務員を選定することは国民の義務でもある」のような条文を加えることとなる。

本項冒頭で、憲法は【国家を縛る法】であり、国民を縛る法ではないから、国民の義務に関しては、最低限に留め置かなければならない旨を記したが、筆者は選挙の義務は極めて重要であるから納税の義務などと合わせて、最低限の義務のひとつに加えることを提案したいのである。

選挙では、建前はともかく本音のところで、低投票率を期待する政党がある。昔のことだが2000年の選挙の前に、時の総理大臣が、「無党派層は投票に行かないで、寝たままでいてくれればいい」と、低投票率を期待する発言をして、顰蹙《ひんしゅく》を買ったことがあった。ごく最近でも元総理大臣が凶弾に倒れて、統一教会の問題が公になったが、ごく平均的な国民が選挙に無関心であることが、統一教会のような外国に本拠地を持った特異な教義を有する宗教集団の、歪《いびつ》な選挙応援活動を頼りにする政党を作り出したのではないか。

仮に選挙の投票率が50パーセントということになれば、統一教会の選挙支援や集票活動は、実質的には2倍の効力を持つことになる。地方選挙では30パーセントくらいの投票率の選挙はざらにあるから、その場合は一票が3倍以上の働きをすることになる。選挙民が選挙を棄権することは投票結果に非常に大きな影響を与えるのだ。党派に属さないごく普通の国民が選挙に消極的になると、国民にとって必ずしも相応しいとは言えない候補者を、少ない票数で結果として当選させてしまうことになるのだ。その意味で選挙を棄権する不作為は、国政を悪政に導くことにも通じるのである。

ということで、代議制民主主義の国家においては、国民一人ひとりが、民主主義国家の一員として、選挙の権利だけでなく、選挙の義務も承知しておかなければならないのだ。

国民が参政権を行使して投票行動を行う義務を、権利と合わせて憲法に定め、学校教育やその他の機会を通じて、それを国民が常に意識するような国家にしていくことが、民主主義国家の根元の基盤を支えることとなるのではないか。選挙権を行使することこそ、代議制民主主義を健全に機能させる大前提であることを、国民はあらためて認識しなければならないのである。

もちろん選挙の義務を果たさないからといって責任を問われることはない。それは現憲法第十五条④に規定された「すべて選挙における投票の秘密は、これを侵してはならない。選挙人は、その選択に関し公的にも私的にも責任を問われない」の条項によって保証されている。選挙権行使の義務は、それを前提にしたうえであることは言うまでもないことである。


結論として、国会を一院制とし、選挙制度を改め、議員任期を3年とし、内閣が議会を解散する場合には第七条以外の法的根拠を定めることは、強大化しつつある内閣総理大臣の行政権限に対して、国会を通じて国民の関与を強めるという意味から、充分に意義があることである。そして代議制民主主義国家においては、選挙を国民の義務として憲法に定めることも、これまた充分に意義があることだと、筆者は考えるのである。

（二）基本的人権の尊重を、より確固たるものとするために

i　憲法第二十五条の①から「最低限度の」を削除する。

ii　そして【生存権、国の社会的使命】を【生活権、国の使命】と書き替える。

理由

歴史的に数千年の時を経て、やっとそれなりの経済的な豊かさを獲得した我々多くの日本人は、いま一社会人として、そして一国民として、日本や世界全体のなかで、細分化された役割分担のもとに生きている。人類の連帯の精神がますます重要になってきたのである。

そうしたなかで国家の国民に対する責務として憲法上重要になってきたのが、20世紀になってスポットライトを浴びることとなった社会権である。基本的人権のなかの社会権一般については、三、の（五）で既に述べたが、ここでは日本国憲法における社会権について論じる。

自由権が基本的人権の中心的なそして、当初から最重要視された権利であったのに対し、社会権は、近代が成熟していくなかで徐々に育まれてきた権利で、現在も発展途上にある権利、と言ってよいかもしれない。その意味で、社会権は理論的にも実際的にも、これからさらに充実させていかなければならない人権と言えるのである。

本書は社会権（現憲法第二十五条では生存権）を「生活権」とする。そして日本が理想の近代主権国家となるために、社会権すなわち生活権を今後充実させていくべく憲法第二十五条を標題のとおり改正することを提案する。

本書の生活権についての考え方は、「憲法の規定だけを根拠として権利の実現を裁判所に請求することのできる、具体的な権利ではない。裁判所に救済を求めることのできる具体的権利となるためには、立法による裏づけを必要とする」（『芦部憲法』第七版　岩波書店2019年84ページ）という、現行憲法の社会権・生存権と同じ考え方をとる。つまり社会権を生活権とするが、その生活権は、現行憲法第二十五条の生存権と同様、立法による裏づけによって、はじめて保障される権利ということになる。

生活権とは、国民が平安に日常生活を送ることを保障する権利である。

①現行憲法に基づき保障されている、生存権（第二十五条）、教育を受ける権利（第二十六条）、勤労の権利（第二十七条）、労働基本権（第二十八条）といった従来の社会権は、従来通り本書で言う生活権として位置づける。

憲法第二十五条は、社会権すなわち生活権の根拠条文となっている。それに加えて今後は、【生存権、国の社会的使命】が【生活権、国の使命】となり、本条から「最低限度の」の文言が削除されることにより、国民には以下の生活権が保障されることとなる。

②生活権は国民全員におよぶこととなるので、たとえば後に述べるベーシック・インカムが導入される際には、その根拠条文となる。

③国民が蒙《こうむ》った、飢餓や疫病や天変地異やパンデミックや戦争による被害に対して、国民はしかるべき補償や、給付を受けることができることとなる。

④将来生起する気候変動や災害・戦争などの予防に対応するべく、国や地方公共団体が、何らかの対策を講じる費用に充てる防災の根拠条文ともなる。

以上、改正憲法のこの条項は、上述の①～④に対応する立法措置の根拠条文となるものである。上述の通り生活権には、いま世界的に話題となりつつあるベーシック・インカムも含まれる。国民が平安に日常生活を送る権利は、自由権、参政権とならんで「20世紀になって社会国家（福祉国家）の理想に基づき、特に社会的・経済的弱者を保護し、実質的平等を実現するために保障されるに至った人権」（上述芦部277ページ）である。

この社会権を「生活権」とすることで、社会的・経済的弱者だけでなく、すべての日本国民の権利として、これをさらに充実させていくことが可能になる。現行憲法第二十五条の「最低限度」の文言は、このような趣旨に基づき削除されるのである。

つまり生活権は、現行憲法の社会的弱者救済のための人権ではなく、国民すべてが日常を平安に暮らすための人権であり、三の（五）で述べた、先人が努力して蓄積し、我々後人に遺してくれた遺産を原資として、現在生きる国民が先人の労に感謝しながら、それら資産を受け継ぎ、享受する権利なのである。

原発事故やコロナのパンデミックや生活保護の給付なども、すべてこの「生活権」のもとで法律が制定され、また現行法が改正されて諸給付がなされる。ただし前述の通り、この給付は立法による裏づけを必要とする給付であることは言をまたない。

もう1点付け加える。これまでもたとえば、日照権や環境権やプライバシーなどの権利が認められてきた。それらの権利は、これまで自由権である財産権や言論の自由と衝突する場面において、それなりの解決を図るべく、現行憲法上でも理論構築が為されてきたが、日照権や環境権やプライバシーその他これに類する新しい権利の主張は、今後の方向としては「生活権」のもとで、立法によって保障することが妥当である。

現在大きな課題となっているのは、ＳＮＳなどによる表現の自由やその他の種々の自由権と、ここで言う個人のプライバシーなど生活権その他の社会権との均衡の問題である。憲法第二十五条を改正することにより、このような新しい問題にも、積極的に対応する準備が整うのである。

要は「国家からの自由権」と「国家による社会権（生活権）」は両者が相まって、国民の基本的人権を保障するとともに、特に私人間の関係においては、両者間に種々の緊張関係が生じることがありうることを見込んで、社会権（生活権）を改正憲法のなかに位置づけることとするのだ。

なお本項③、④のなかの戦争に関する事項および自衛隊に関する事項については、ここでは言及しなかった。次の（三）、「平和主義をより確固たるものとするために」で述べることにしたので、次項を参照されたい。

（三）　平和主義を、より確固たるものとするために

i　「第二章　戦争の放棄」と「第三章　国民の権利及び義務」を統合する。

ii　**第九条は条文を改正して、iの然るべき所に移記する。**

iii　**条文には、自衛隊が「国土を守り、国民を守り、国家の主権を守る」組織であることを明記する。**

とする理由

まずiの、憲法「第二章　戦争の放棄」と「第三章　国民の権利及び義務」を統合する理由について記す。現行日本国憲法では、第二章に「戦争の放棄」が定められている。これは日本が、第二次世界大戦の戦争当時国であり、敗戦を踏まえて、二度とこのような戦争を起こさないという強い決意のもとに、ここに定められたと考えるのが妥当であろう。

つまり日本国憲法制定時においては、「戦争の放棄」は「第一章　天皇」の前には来ないが、「第三章　国民の権利及び義務」よりは前に置かれてしかるべきだと考えられていたはずだ。しかし憲法を改正する場合、憲法第九条をそのまま残すならともかく、例えば第二章を「安全保障」として条文の中身を改正するなら、その「第二章」が「国民の権利及び義務」の前に置かれるのは、多くの国民に違和感をもたれるのではないか。第二章を「戦争の放棄」としたままで、条文が自衛のための戦争はあるべしということになれば、国民にもっと強い違和感をもたらすことになるだろう。

戦争はつねにネガティブなものである。戦争はあってはならないものである。しかし現実には戦争は起こりうる。世界史は戦争史だといっても過言ではない。我々日本人は脱近代に向けて、この現実をどう捉えて、どのように憲法改正に取り組むか、真剣に論議しなければならないのだ。そこで条文の検討の前にまず提案したいのが、第二章と第三章の統合である。そのうえで現行憲法第九条を、iiiを考慮した適切な条文に改正し、統合した章の然るべきところに、これを移記することを提案するものである。

日本の領土が他国から侵略されるということはあってはならないことである。我々はそのようなことは理不尽極まりないと考える。これはどの国にとっても同じであろう。どの国も自衛権を有するのである。戦争は、その自衛権が侵される場合に限ってのみ、認められるべきではないか。

武力を保持し、武力を行使する力を有する日本の自衛隊は、日本を自衛する戦力として、必要欠くべからざる存在なのである。自衛隊は、日本国が有する自然権としての自衛権が侵害されることを防ぐ、至高の使命を有するのである。

ただこれからの自衛隊は、戦争だけに限らず、飢饉や天変地異や感染症など、戦争以外のあらゆる大災厄からも国土、国民を守る最後衛の組織として、憲法上位置づけてはどうだろう。もちろん自衛隊は、他国による日本への軍事的侵犯に対応することを第一義的な使命とするが、現状において、種々の災害対策や疫病、非常時の飢餓対策などの最終的なゴールキーパー役を担っているという現実がある。

ゴールキーパーの前に位置する、バックスとしての警察や消防や医療機関や地方自治体が、それぞれの責任範囲の災厄に対応することは当然だが、国民の生活権の最終ラインを守るのは、生活権の最後の防衛線としての自衛隊ということにすれば、現在の自衛隊の実情はよりよく反映されるし、諸災害に対応する自衛隊の任務もより明確になり、隊員の士気も、より高まるのではないか。

ということで、自衛隊が他国の侵犯から国を守る本来の役割に加えて、国民の生活権の最終防衛ラインを果たすことをその責務に加えるためにも、第二章と第三章を統合してはどうかと考えるのである。


一言付言する。「自衛隊」を「軍隊」または「国防軍」と改称しようとする動きがあるが、そうではなく、逆に我が国は、すべての国の軍隊を、自衛隊（自衛軍でも可）と改称するように、世界の国々に働きかけていくことを提案したい。近代国家の武力保持の基本は、軍隊をすべて自衛隊とするべきなのである。すべての国の軍隊の呼称が自衛隊となれば、それだけで戦争に対する考え方はずいぶんと変わるはずだ。「国防軍」では、国防を口実とした他国侵略がなくならず、あいかわらず戦争のエスカレーションは続くことになる。

日本国憲法における戦力の保持ならびに交戦権は、上述の限りで認められる。憲法九条はそのような趣旨を明確に示すためにも改正されるべきなのである。それと同時に、世界各国の憲法においても、将来的に軍隊は自衛権の範囲で保有され、確定した他国の国土や国民への攻撃は、これを認めないとされなければならない。

現在にいたっても、大国は他国に一方的に軍隊を派遣するが、これからは各国の戦力は他国からの侵略があった時にのみ発動されるということを、すべての国家に、浸透させていかなければならないのだ。そうなれば、核兵器は無用の長物となるはずだ。自国に原爆を投下することは考えられないからである。日本の世界平和への貢献はこの辺りからなされていくべきなのである。

近代初頭のように、いずれの国の主権もおよばない未開の地が、地球上に大きく広がっていた時代ならいざ知らず、地球上のすべての地域が、国際的に正当と認められたいずれかの国家に属している第二次世界大戦以降の現状において、ある国家が、主権国家である他国の領土に、武力をもって侵攻することは、許されるはずがないのである。その意味で日本は他国間の戦争に巻き込まれてはならないのである。

あらためてまとめておく。武力を保持し、行使する力を有する日本の自衛隊は、日本を自衛する戦力として日本にとって必要欠くべからざる存在で、自衛隊は日本国の自衛権が侵害されることを防ぐために、絶対に必要である。降りかかる火の粉を振り払うという意味では、自衛隊は崇高な使命を担っているのである。

上述した趣旨を踏まえて、国民的論議のもとに現行憲法第九条を改正し、改正と同時にこの条項をしかるべき章に移記すべきと考えるのである。

（四）本項を書き終えて

本項を書き終えたのは、2024年5月である。脱稿後すぐに、2016年に発行された『「憲法改正」の真実』（集英社新書）を一読した。同書は護憲派の東京大学の樋口陽一名誉教授と、改憲派だが現在自民党が目論んでいる『日本国憲法改正草案』（2012年）には絶対反対と主張される、慶応義塾大学の小林節名誉教授の対談本である。

ご両所は自民党の『日本国憲法改正草案』は、「憲法と呼べる代物《しろもの》ではない」（樋口）、『自民党がもくろむ改憲は「壊憲」なのだ』（小林）と、口をそろえて自民党の憲法改正草案を痛烈に批判する。筆者は以前から同書を買い求めていたが、自分の思考に影響がおよぶのをおそれて、自民党の改正草案もそうだが、あえて目を通さずに本稿の考察を重ねてきた。

本項を脱稿した後で、早速上述書に目を通した。読後感を一言で言うと、事前に読まなかったため、自分の思いがかなり大胆に、かつ素直に書けたということと、読み終えた後で、自分の考えに確信が持て、ある種の自信を持つことができたという思いが、重なって生じた。

最後にこの文を書き加えるのは、両先生が同書で触れた、憲法改正の議論の順番の大切さについての言を引用したいと考えたからである。樋口先生が同書18ページで述べている、「憲法の改正を議論する際には、順番があります。前提抜きで単純に○か×かという議論から始めてはなりません。そもそもどんな必要があって、どんな政治勢力が、何をしたいために、どういう国内的・国際的条件のもとで、どこをどう変えたいのか、それによって賛成も反対も分かれる。これが憲法問題の本来の議論の仕方です」がそれだ。

小林先生も、同164ページの第七章「九条改正議論に欠けているもの」の冒頭で、「（憲法）改正を議論するならば、どんな政治勢力が、どんな必要があって、なにをしたいために、どういう国内的・国際的条件のもとで、どこをどう変えたいのか、それを提示して議論してもらわなければならない」と樋口先生の言を引用しているのである。

ここであらためて、日本では80年の長きにわたって、改憲が「○か×か」、護憲が「○か×か」だけしか問題にされてこなかったことを指摘しておきたい。日本においては政治家レベルでも、改憲か護憲か、「○か×か」だけを表明するという世論調査並みの状態が、ずっと続き、改憲の内容に関しては、長いあいだ思考停止の状態が続いたのである。

本項は自民党の憲法もどきの総花的「改正草案」に対抗して、改正点を3点に絞って対案を示した。国民は、この対案と自民党案を比較することによって、過去80年間見せられ、聞かされてきた、政治家たちの「○か×か」だけの応酬の無意味さを理解されると思う。

この四、のあとの五、であらためて提案するが、いまや野党は憲法について「○か×か」だけを言うのではなく、一丸となって本当の憲法改正案を国民に問いかけ、自民党案とは異なる憲法の「改正」を実現していく時なのである。そしてそれをきっかけに、日本が脱近代に向けて、新たな人類の挑戦を果たしていくよう、在野政党としての決断力と行動力を発揮する時なのである。本当の憲法改正に向かって、野党の団結力と行動力をおおいに期待したいのである。筆者は気概と覚悟をもってこの原稿を書いた。各野党も筆者のこの考えに同感の意を表明していただけまいか。

本項最後のこの（四）はもともとなかった。そして次の五は、当初はもっと穏やかなものだった。だが、上記の『「憲法改正」の真実』（２０１６年）と、自由民主党の『日本国憲法改正草案』を読んで、この（四）を書き加えるとともに、五を大きく変更したのだ。

野党の政治家の皆さん、およびその政治家を応援される皆さんには、これから続く最後の五、をぜひお読みいただきたいとお願いする。なぜなら次の五、は皆様への全面的なお願いを記してあるからである。

これまで日本および日本国民は、国民の幸せと国家の発展は、経済力によってもたらされるという神話を一途に信じて、経済中心の国家経営が行われてきた。それに偏りすぎたがゆえに、社会には種々のひずみが生じるとともに、国民間にも勝ち組と負け組の大きな溝が生じてしまった。それを解消するのは政治の力しかないのだ。

民主主義国家においては、政治は国民の意志によって変えることができる。それが政治と経済の大きな違いである。経済力に欠けるヒトたちがどれだけ沢山集まっても、経済力を改善させることは困難だが、政治は国民一人ひとりの力を糾合し、団結すれば、動かせるのだ。政治が動けばそれに連れて経済も動くのが、近代国家の仕組みだ。政治は変えられるということが、民主主義国家の最大の利点であり、また我々国民が政権交代を決められるということが、我々がもつ最大の武器なのだ。

この先10年の間に衆議院選挙はたぶん3回以上、参議院選挙は4回ある。今後10年間で憲法を改正して、日本の政治を変え、日本が脱近代に向かって世界の旗手となって走る国家となるよう、日本政治の大変革を求めるや切である。

五、檄‼　野党は改憲の旗のもとに共闘し　政権交代を果たして　真の憲法改正を　実現せよ‼

さて「第二部」もいよいよ最後となる。これから述べることは、筆者にとってはすべてが、お願いごとになってしまう。以下の記述は、いま日本国内で実際に政治に携わっている国会議員や地方議員を含めたすべての野党の関係者の皆さんと、その応援団の皆さんが、日常の政治活動のなかに組み込んでいただけないかと考え、そのお願いを記したものである。力を合わせて、野党共闘を実現していただきたい、という思いをこめて書かれたものと認識いただき、お読みいただき、実践いただければ幸いである。

これまで野党共闘は、様々なときに、様々なかたちで行なわれてきた。そして時によっては成果をあげた。ただ共闘が長く続いたことはなく、むしろ分裂がめだち、このところ自民・公明両党の牙城を崩すには至っていない。

野党共闘に一番大切なことは何か？　それは互いに納得した、共通の旗を立てることである。

そしてその旗のもとに国民の共感を得るべく、一丸となって目標に向かって邁進することである。共闘の成否は、旗の良し悪しに左右されるのだ。野党共闘の旗印としていま「憲法改正の旗」以上のものがどこかにあるだろうか?!

筆者は、前項で述べた「日本国憲法の改正を語る」をもとに、野党各党が専門家の協力を得て、天空高く本物の改憲の旗を打ち立ててほしいと願うのである。旗は、第1番として、自民党の旗より立派でなければなるまい。そして第2、日本のいまの閉塞状態を脱して、日本人の活力を蘇らせるような旗でなければならない。第3、それをもって日本人が脱近代に向けて羽ばたけるような、希望の旗でなければならない、第4、そして最後に、隣国をはじめ世界各国が、その旗を見てうらやましく思い、安心する旗でなければならない。

野党連合を構築する野党各党の皆さんが、上記を満たす旗を掲げて日本全国を駆けぬけ、既得権益にまみれた金権体質の対立政党を、言論の力をもって各地で打ち負かしてほしいのである。旗は、国民の琴線に触れるものになると確信する。高く掲げれば、必ずや国民の共感を得られると確信する。

現在の野党各党の政治信条が、たがいに異なることは承知している。そこは、まずは与党との憲法改正の旗合戦に打ち勝って、憲法改正が実現した暁に、その後の行く先を互いが決めればよいのだ。可能なら、憲法改正が成るまでのあいだ、全野党が解党し、憲法改正党（略称改憲党）の名のもとに一党化できると素晴らしい。そうなれば選挙戦での効果たるや目を見張るものとなるだろう。その後も同一政党堅持が望ましいが、分党するならしてもよいのだ。

最初の数回の選挙は、現行選挙制度のもとで戦わなければならない。それには苦労すると思うが、共闘野党は憲法改正の旗のもと、衆参両院ともいちはやく3分の2以上の議席を獲得して憲法を改正し、衆参一院制の国会を作りあげて、改憲の趣旨を新憲法に活かすことを、目指していただきたいのである。

世界を中世から近代国家に導くきっかけとなった1688年の英国の名誉革命や、討幕運動の際に江戸市中を戦禍から救った、1868年の江戸城無血開城のように、我々日本人が、血を流すことなく、言葉の力で日本国を、ひいては世界中の国家を、新しい脱近代国家に導いていって欲しいのだ。筆者は、世界中の国家が脱近代化するきっかけを、日本人による日本国憲法の改正に求めたいのである。

ここに特にお忙しい方と「まえがき」で記した主に政治家の方々のために、日本国憲法改正の3提案を再掲しておく。改正の理由については、前項四、を参照されたい。

（一）立憲君主政体のもとで、国民主権をより確固たるものとするために

i　憲法第四十二条を「国会は、一院でこれを構成する」と改正する。

ii　公職選挙法を改正する。

iii　総理大臣の議会解散権が必要とされるなら、解散権行使の根拠法を定める。

iv　憲法第十五条①に国民の選挙の義務を加える。

（二）基本的人権の尊重を、より確固たるものとするために

i　憲法第二十五条の①から「最低限度の」を削除する。

ii　そして【生存権、国の社会的使命】を【生活権、国の使命】と書き替える。

（三）平和主義を、より確固たるものとするために

i　「第二章　戦争の放棄」と「第三章　国民の権利及び義務」を統合する。

ii　第九条は条文を改正して、iの然るべき所に移記する。

iii　条文には、自衛隊が「国土を守り、国民を守り、国家の主権を守る」組織であることを明記する。

憲法改正は、自由民主党が党是に基づく提案として、遠からず国会に提出してくる。そのときに護憲、改憲の○×論争にこだわれば、自民党の「壊憲」（小林）すなわち「憲法改悪」は現実味を帯びてくる。それを避ける意味でも、共闘体制の構築が急がれるのである。野党が与党の機先を制して、いちはやく正しい憲法改正を国民に訴えかけ、逆に与党を土俵に引っ張り出す気概が欲しいのだ。

最後になったが、全野党の皆さん、そしてそれを支援する国民の皆さんが、憲法改正に、正面から向きあって、力を結集されんことを、強く強くお願いしたい。

あとがき

振り返ると近代は、【記号の世界】にことさらな思いが籠められた時代であった。デカルトは、「我思う故に我あり」と言い、パスカルは、ひ弱いヒト一人ひとりを「考える葦」とした。これらは「思うこと」「考えること」すなわち【記号の世界】を高らかに称揚した言辞であった。近代になって人間集団はおおいに進歩発展した。そのもとには、近代初期のヒトたちの、「思うこと」「考えること」に対する、強い思い入れがあったのだ。

しかしいまや「考えること」だけだと、実践不能なものごとやヒトに害をおよぼすものごとが山積してしまう時代となった。その最悪の見本が核兵器だ。クローン人間も実践不可だ。これからもまだまだ、この種の発明が、たくさん出てくるのだろう。そんな大ごとでなくても、「考えそして実践する葦」である「ちいさなヒト」の「ちいさな実践」さえ、すでに種々の制約のもとにおかれているのだ。例えばプラスチックごみの投棄がそれだ。

地球規模でのＦＡＫＥを含めたＳＮＳやＡＩの蔓延は、人類をとんでもない相互猜疑集団に導く予感がする。いまや何かをすることを積極的に「考える」だけでなく、何かをやらないことを真剣に「考えること」が大切になってきたように思われるのである。戦争がその一つであることは間違いない。

中世に絶頂を極めた教皇や王や貴族の特権階級、近代を闊歩《かっぽ》した大政治家や大将軍や大資本家のエリート集団に代わって、脱近代は言葉を操ってヒトを騙す、手練れの大ウソツキどもが、こぞって人間集団を支配しようと試みるような、そんな時代が予感されて仕方がない。

そんな予感に歯止めをかけるのは、民主主義国家の国民しかいない。基本的人権が保障され、それが実際に実践されている市民社会で、良識ある選良が人類和合の連帯をなせば、大ウソツキの独裁者どもの出現はおさえられるはずだ。

激増している独裁国家を見ればわかるとおり、いまや多くの国の人間集団においては、独裁者の跋扈を抑えられず、独裁制が息を吹き返して、もと来た帝国の時代に戻るように感じられるのだ。

そんななかで本書第二部は、人間集団のあり方が、【記号の世界】によって縛り、縛られる様を、最後は日本の憲法や基本的人権、そして現実の政治体制にまで踏み込んで、具体的に語った。現下の日本の惨状をなんとかしなければという思いのもとに論じたつもりだ。

40年前に本書の検討を始めたとき、筆者は新しい脱近代の哲学を創りあげ、そのもとで脱近代に向けた人間集団のバラ色の未来を描くつもりだった。しかし当初の目論見と異なり、本書は①近代哲学の問題解消、②世界政治体制の現状再認、そして③憲法改正による日本政治の再生、と落語の三題噺、それも「落ちのない」三題噺のようになってしまった。

21世紀になっても前世紀と同様、多くの戦乱が目の当たりにある。今世紀もまだまだ果てしのない混乱が、世界中で続いていくのだろう。脱近代がすぐ間近にきていると考えた筆者の当初の思いは、すっかりしぼんでしまったのだ。そして素人の三題噺が生まれたのだ。本書がはたしてまじめにお読みいただける内容だったか、少々心配である。

特に「第二部」の随想集は、筆者の考えの押しつけと言われればそのとおりかもしれない。そもそも人間は、まだ動物集団にとどまり、筆者の期待した人間集団のレベルには達していないのだ。こんな繰り言を言う自分のつたない現状認識能力には、我ながら笑ってしまうしかないのだが……。でも希望は捨てていない。

筆者はこの40年間、人類の将来について考えるにあたり、なんとかポジティブな思考のもとで生きようと努力してきた。いまでも自分が取り組んできたこの仕事には満足している。日本の憲法改正が、筆者の願いどおりになってくれれば、それが三題噺の当面の「落ち」ともなるので、たといあの世に旅立った後であっても、大満足である。そして人間集団が人間らしく【言葉の世界】を生き、人間集団どうしの全的争いを避けるようなときがいつか来ることを乞い願っている。

「第一部」の哲学については、斯界の動向には頓着せずに、外部から一石を投じるべく、かなり時間をかけて勉強し、従来の哲学と異なるユニークな視点から、いくつかの断片を書き遺せた。「まえがき」にも書いたが、いつかどなたか、脱近代の哲学を、体系化していただけると嬉しい。

最後に、本書の手本のひとつとなった、仏教の唯識を象徴する古歌を一首。

「手を打てば　鳥は飛び立つ　鯉は寄る　女中茶を持つ　猿沢の池」

資料『一院制国会が日本を再生する！』（衛藤征士郎著、悠雲舎）資料一より

日本国憲法第四二条改正原案（平成二四年四月二七日、衆議院議長提出）

日本国憲法改正原案
右の議案を提出する。

平成二十四年四月二十七日

提出者

小沢鋭仁
高村正彦
内山晃

資料『一院制国会が日本を再生する！』（衛藤征士郎著、悠雲舎）資料二より

渡辺　喜美
下地　幹郎
松木　けんこう
田中　康夫
鳩山　邦夫
海江田　万里
額賀　福志郎

賛成者　一二〇名

大谷　信盛
中林美恵子
松野　頼久
あべ　俊子
井上　信治
江渡　聡徳

川内　博史
初鹿　明博
松宮　勲
安倍　晋三
伊東　良孝
江藤　拓

川越　孝洋
鳩山由紀夫
山口　和之
逢沢　一郎
稲田　朋美
遠藤　利明

小泉　俊明
原口　一博
鷲尾英一郎
秋葉　賢也
今津　寛
小野寺五典

小平　忠正
福島　伸享
麻生　太郎
今村　雅弘
小渕　優子

平　智之
牧　義夫
甘利　明
岩屋　毅
大野　功統

梶山　弘志
金子　一義
金子　恭之
金田　勝年
鴨下　一郎
川崎　二郎
河井　克行
河村　建夫
木村　太郎
城内　実
北村　茂男
北村　誠吾
小池百合子
小泉進次郎
後藤田正純
河野　太郎
佐田玄一郎
佐藤　勉
齋藤　健
坂本　哲志
塩谷　立
下村　博文
新藤　義孝
菅　義偉
菅原　一秀
田中　和徳
田野瀬良太郎
田村　憲久
平　将明
高市　早苗
髙木　毅
武田　良太
武部　勤
谷　公一
谷川　弥一
谷畑　孝
德田　毅
中川　秀直
永岡　桂子
長島　忠美
長勢　甚遠
二階　俊博
丹羽　秀樹
西野あきら
西村　康稔
野田　聖子
野田　毅
馳　浩
浜田　靖一
林　幹雄
平井たくや
平沢　勝栄
福井　照
細田　博之
町村　信孝
松浪　健太
松野　博一
松本　純
三ッ矢憲生
宮腰　光寛
村上誠一郎
村田　吉隆
望月　義夫
森　英介
森山　裕
山口　俊一
山本　公一
山本　幸三
山本　拓
山本　有二
吉野　正芳
江田　康幸
遠山　清彦
富田　茂之
斎藤やすのり
中後　淳
浅尾慶一郎
江田　憲司
柿澤　未途
山内　康一
中島　正純
松下　忠洋

資料『一院制国会が日本を再生する！』（衛藤征士郎著、悠雲舎）資料二より

浅野貴博　石川知裕
園田博之
横粂勝仁

日本国憲法改正原案要綱

第一　一院制の導入

国会は、一院で構成するものとすること。

（第四十二条関係）

第二　一院制の導入に伴う議員定数の削減

国会議員の定数は、五百人以内において法律で定めるものとすること。

（第四十三条第二項関係）

第三　国会が解散された場合の議員の任期

国会が解散された場合の議員の任期については、その解散によって直ちに終了することなく、その解散の後に総選挙が行われたときに終了するものとすること。

（第四十五条関係）

第四　施行期日等

一　この憲法改正は、平成二十九年一月一日から施行するものとすること。ただし、二及び三は、公布の日から施行するものとすること。（附則第一条関係）

二　改正後の日本国憲法に規定する国会議員（以下「新国会議員」という。）の選挙については、この憲法改正が施行されるまでの間に行うものとすること。（附則第三条第一項関係）

三　二の選挙により選挙された者は、この憲法改正の施行の日に新国会議員となり、その任期は、その日から起算するものとすること。（附則第三条第二項関係）

四　この憲法改正の施行の際現に衆議院議員又は参議院議員である者は、この憲法改正の施行と同時にその地位を失うものとすること。（附則第四条関係）

五　その他所要の規定の整備を行うものとすること。

○　日本国憲法改正原案

日本国憲法の一部を次のように改正する。

第七条各号列記以外の部分中「左の」を「次に掲げる」に、「行ふ」を「行う」に改め、同条第三号中「衆議院」を「国会」に改める。

第四十二条中「衆議院及び参議院の両議院」を「一院」に改め、「これを」を削る。

第四十三条第一項中「両議院」を「国会」に改め、「これを」を削り、同条第二項中「両議院の」を削り、「定数は、」の下に「五百人以内において」を加え、「これを」を削る。

第四十四条中「両議院の」及び「これを」を削り、同条ただし書中「但し」を「この場合においては」に改める。

第四十五条中「衆議院議員」を「議員」に改め、同条ただし書を次のように改める。

ただし、国会が解散された場合には、その解散の後に総選挙が行われたときに終了する。

第四十六条を次のように改める。

第四十六条　削除
第四十七条中「両議院の」及び「これを」を削る。

第四十八条を次のように改める。

第四十八条　削除
第四十九条中「両議院の」を削る。

第五十条中「両議院の」を削り、「その議院」を「国会」に、「あれば」を「あるときは」に改め、「これを」を削る。

第五十一条中「両議院の」を削り、「議院で」を「国会で」に、「院外」を「国会外」に、「問はれない」を「問われない」に改める。

第五十三条中「いづれかの議院の」を削り、「あれば」を「あるときは」に改める。

第五十四条第一項中「衆議院が」を「国会が」に、「衆議院議員」を「国会議員」に、「行ひ」を「行い」に、「国会」を「国会の特別会」に改め、同条第二項及び第三項を削る。

第五十五条中「両議院」を「国会」に改め、「各々その」を削り、同条ただし書中「但し」を「ただし」に、「失はせる」を「失わせる」に改める。

第五十六条第一項中「両議院」を「国会」に改め、「各々その」を削り、同条第二項中「両議院」を「国会」に、「定」を「定め」に改め、「これを」を削る。

第五十七条第一項中「両議院」を「国会」に改め、同項ただし書中「但し」を「ただし」に改め、同条第二項中「両議院」を「国会」に改め、「各々その」を削り、「以外は」を「を除き」に、「且つ」を「かつ、」に改める。

第五十八条第一項中「両議院」を「国会」に改め、「各々その」を削り、同条第二項中「両議院」を「国会」に改め、「各々その」を削り、「又、院内」を「並びに国会内」に、「みだした」を「乱した」に改め、同項ただし書中「但し」を「ただし」に改める。

第五十九条第一項中「定」を「定め」に、「両議院」を「国会」に改め、同条第二項から第四項までを削る。

第六十条及び第六十一条を次のように改める。

第六十条及び第六十一条　削除

第六十二条中「両議院」を「国会」に改め、「各々」を削り、「行ひ」を「行い」に改める。

第六十三条中「両議院の一」を「国会」に、「かかはらず、何時でも」を「かかわらず、いつでも」に、「議院に」を「国会に」に、「又、」を「また、」に改める。

第六十四条第一項中「両議院の」を削る。

第六十七条第二項を削る。

第六十九条中「衆議院で」及び「衆議院が」を「国会が」に改める。

第七十条中「衆議院議員総選挙」を「国会議員の総選挙」に改める。

第七十九条第二項中「行はれる衆議院議員総選挙」を「行われる国会議員の総選挙」に改める。

第九十六条第一項中「各議院」を「国会」に改め、「、これを」を削り、「行はれる」を「行われる」に改める。

附　則

（施行期日）

第一条　この憲法改正は、平成二十九年一月一日から施行する。ただし、次条及び附則第三条の規定は、公布の日から施行する。

（準備手続）

第二条　この憲法改正を施行するために必要な法律の制定及び改廃、国会召集の手続その他この憲法改正を施行するために必要な準備手続は、この憲法改正の施行の日（以下「施行日」という。）よりも前に行うことができる。

（新国会議員の選挙）

第三条　改正後の日本国憲法第四十三条第一項に規定する国会議員（以下「新国会議員」という。）の選挙については、この憲法改正が施行されるまでの間に行うものとする。

二　前項の選挙により選挙された者は、施行日に新国会議員となり、その任期は、施行日から起算するものとする。

（経過措置）

第四条　この憲法改正の施行の際現に衆議院議員又は参議院議員である者は、この憲法改正の施行と同時にその地位を失うものとする。

理　由

国内外の情勢が目まぐるしく変化する中、内政及び外交における様々な困難な政治課題に対し、より一層的確かつ迅速に対応できるようにするため、統治構造の抜本的な改革の第一歩として、国会を一院制とするとともに、あわせて国会議員の定数を削減する必要がある。これが、この憲法改正原案を提出する理由である。

著者プロフィール
山口 武彦（やまぐち たけひこ）
1942年生まれ。東京都出身・在住。
1966年、東京大学法学部卒。
1989年、ハーバードビジネススクールＡＭＰ修了。

我々は何ものか

2025年４月15日　初版第１刷発行

著　者　山口 武彦
発行者　瓜谷 綱延
発行所　株式会社文芸社
〒160-0022　東京都新宿区新宿１－10－１
電話　03-5369-3060（代表）
03-5369-2299（販売）

印刷所　TOPPAN クロレ株式会社

ISBN978-4-286-26248-2